BIBLIOTHECA

SCRIPTORVM GRAECORVM ET ROMANORVM

TEVBNERIANA

M. TVLLI CICERONIS

SCRIPTA QVAE MANSERVNT OMNIA

FASC. 19

ORATIO PRO P. SVLLA

TERTIVM RECOGNOVIT

HELMVT KASTEN

ORATIO PRO ARCHIA POETA

POST P. REIS

TERTIVM RECOGNOVIT

HELMVT KASTEN

EDITIO STEREOTYPA EDITIONIS
TERTIAE (MCMLXVI)

STVTGARDIAE ET LIPSIAE
IN AEDIBVS B.G. TEVBNERI MCMXCIII

Die Deutsche Bibliothek — CIP-Einheitsaufnahme

Cicero, Marcus Tullius:
[Scripta quae manserunt omnia]
M. Tulli Ciceronis scripta quae manserunt omnia. —
[Ausg. Stutgardiae, Lipsiae]. — Stutgardiae ; Lipsiae : Teubner.
(Bibliotheca scriptorum Graecorum et Romanorum Teubneriana)
NE: Cicero, Marcus Tullius: [Sammlung]

[Ausg. Stutgardiae, Lipsiae]
Fasc. 19. Oratio pro P. Sulla [u. a.] / tertium recogn. H. Kasten.
— Ed. stereotypa ed. 3. (1966). — 1993
ISBN 3-8154-1189-0
NE: Kasten, Helmut [Hrsg.]

Printed in Germany
Druck und Bindung: Chemnitzer Verlag und Druck GmbH, Werk Zwickau

PRAEFATIO

PRO P. SVLLA

Oratio, quam Cicero habuit pro P. Cornelio Sulla, permultis codicibus conservatur, quorum optimi sunt Tegernseensis nunc Monacensis
18787 (**T**) saec. XI/XII, Vaticanus-Palatinus 1525 (**V**) anno 1467 scrip- **T V**
tus, §§ 1—43 continens, Erfurtensis nunc Berolinensis 252 (**E**) saec. **E**
XII/XIII, in quo §§ 81--93 tantum leguntur.

Tegernseensem ipse contuli, cum primam huius orationis editionem
curarem.[1]) codex Vaticanus-Palatinus denuo collatus est a K. Busche;
quae invenit aliena a prioribus, Herm. 46, 1911, 57 sqq. publici iuris
fecit.[2]) quod attinet ad Erfurtensem, bene accidit, quod ex schedis deper-
ditis, antequam manu improbissima exciderentur, lectiones quaedam
excerptae sunt a Gulielmio et Zinzerlingo. Gulielmi libro evoluto unam
ab editoribus neglectam esse cognosces, scil. 16, 17 *officii tui iudicem
posuisse*, quem ad locum annotat auctor vocem *tui* ex codice Thuringico
se inseruisse; de lectione *potuisse*, quae est in **T** pro *posuisse*, nihil addit,
ut Erfurtensem cum ceteris fecisse ex silentio colligas. quae hodie
quoque in codice exstant, ut Tegernseensem ipse contuli.

Libros **E** et **V** artius inter se coniunctos esse duobus tantum huius orationis locis manifestum est, scil. 6, 30 *nulla suspicio* (om. cett.) et 9, 9
a me (om. cett.). **T** saepissime eadem menda praebet quae deteriores, ut
cum his alia stirpe atque **EV** eum ortum esse concludas.

Deteriorum (*ω*) pars maior ex uno fonte atque eo Gallico fluxisse *ω*
videtur (v. Clark praef. p. X.). seorsum tractandi sunt Parcensis nunc
Bruxellensis 14492 (*π*) et Laurentianus (S. Crucis) XXIII Sin. 3 (**a**),
uterque saeculo XIV exaratus.

Codicem Parcensem inquinatum esse interpolationibus stultissimis *π*
impudentissimisque (v. Clark praef. p. XII), quas omnes in apparatum

---

1) Ut gravissima hic afferam: 5, 10 *utor* (non *utar*), 6, 9 *sua in me etiam* (ut
V), 6, 14 *lenitate* (non *levitate*), 24, 1 *arbitrare*, 27, 32 *deducor* (ut **E**).

2) Quisquilia velut 3, 10 *persosonam*, 8, 14 *municipialis*, 13, 28 *sceleritate* aliaque talia, item menda, quae omisso illo siglo orta sunt, quo in libris manu scrip-
tis syllaba *-er-* significari solet, velut 6, 21 *cepat* pro *coeperat*, 8, 12 *supari* pro
superari etc., in apparatum non recepi.

recipere supersedi, nemo est quin sciat. ceterum modo cum **T**, plerumque cum ceteris deterioribus consentit. sed mira quadam ratione interdum a Vaticano et Erfurtensi stat, quos ceteris minus propinquos esse supra dixi, velut 1, 17 *orationis non uterer (non uterer orationis)*, 1, 22 *probavero (probaro)*, 5, 10 *utar (utor)*, 7, 4 *tu (tum)*, 7, 13 *tibi hoc (hoc tibi)*, 11, 4 *dilectu (delectu)*, 11, 23 *si forte a me (si a me forte)*, 28, 27 *contentos vos (vos contentos)*.[1]) rivulus igitur quamvis tenuis e communi Erfurtensis et Vaticani fonte vel ex ipso Erfurtensi ad Parcensem pervenisse videtur. accedit, quod in ea parte orationis, ubi neque **E** nec **V** praesto est, quinquies vera lectio uni ex iis quos adhibuimus codicibus Parcensi debetur, scil. 15, 25 *quia coactus* ⟨*sum*⟩[2]), 15, 27 *et* ⟨*non*⟩, 17, 1 ⟨*et*⟩ *ut*, 21, 16 *cogitasset* ⟨*ut*⟩, 25, 10 ⟨*vita*⟩ *plurimum*.[3]) haec omnia sua indole scribam invenisse vix crediderim; immo his quoque locis ex illo rivulo eum hausisse verisimile est. nec aliter iudico de locis quibusdam, quibus codices recentiores una cum Parcensi lectionem veram servaverunt: 4, 14 *tum* π b c k *(cum)*, 7, 27 *curio* π c Schol. *(curioni)*, 14,20 ⟨*cur*⟩ *tacuisti* π b¹ c² k, 24, 6 *possit* π b c k *(posset)*. haec ex ingenio scribae Parcensis fluxisse credat, qui volet.

a Codicem Laurentianum, quem ad Lapum de Castiglioncho Petrarcae amicum redire Clark praef. p. IV sqq. probavit, aliter atque in Archiana artissimo vinculo cum Gallicis coniunctum esse sescentis locis elucet. compluries tamen lectiones seu bonas seu malas cum Tegernseensi communicat. quod bis eandem corruptelam quam **V** praebet, scil. 1, 26 *reprehendatur* semel et 9, 4 *vocatio* pro *vacatio*, casu factum esse videtur.

Ad Gallicos venio. ex libris a Clark adhibitis codices g χ ψ ut minoris momenti neglegi posse putavi; restant Parisinus 14749 (*Σ*) saec. XIV/XV et huius paene gemellus Palatinus 1820 (**p**) anno 1394 Perusiae scriptus, praeterea saeculi XV codex S. Marci 255 (**b**), quem ante annum 1425 exaratum esse Clark censet, Oxoniensis Canonici 226 (**c**), anno 1906 a Clark repertus, Parisinus 7779 (**k**) anno 1459 Paviae scriptus; quorum consenφ sum siglo φ significavi.

Codices **c** et **k** artius inter se cohaerere, ut in aliis orationibus, etiam in Sullana manifestum est, cum saepius soli easdem interpolationes, easdem correctiones praebeant. multa autem vel utrique vel alteri cum codice **b** communia sunt. atque correctas antiquissimarum editionum lec-

---

1) 1, 17 et 7, 13 et 11, 23 eadem sunt in Helmstadiensi 304, qui Parcensis simillimus est, interpolationibus eius caret.

2) Accedit Helmstadiensis.

3) 13, 3 ⟨*se*⟩ *nescire*, quamquam etiam in Helmstadiensi est, lectionem genuinam esse mihi persuadere non possum.

VI

tiones magna parte ex his libris fluxisse Clark recte monuit (v. praef. ad ed. Oxon. vol. IV p. XII), velut in Sullana 14, 10 *tam* pro *tum* et 23, 27 *ornatae* pro *ordinatae*. sed compluries, quae a consanguineorum mala lectione profecti sua indole correxisse videntur, iam in melioribus codicibus inveniuntur, velut 1, 14 *necessitudinem* **TVk** *(necessitatem)*, 3, 27 *sum* **TVb**[1] *(sim)*, 4, 14 *amorem* **Vc** *(honorem)*, 4, 28 *haec* **Tπk** *(hic* **V**, om. **aφ**), 7, 9 *iuratus* **Tb** Schol. *(iuratis* **V**, *iuratos* **ω**)[1]), 13, 24 *aliquem suorum malorum (maiorum* **TV**) **TVc** *(suorum malorum aliquem)*, 16, 21 *indicio* **Tc** *(iudicio)*, 20, 3 *consulere* **Tπk** *(consulem* **a**, *consul esse* **φ**), 25, 13 *modiceque* **Tπk** *(modice)*[2]), 28, 14 *parvus* **TEπk** *(patruus)*, 28, 24 *lugere* **TEπab** *(iungere)*.[3]) hunc concentum, quamquam hoc vel illud sua sponte scribas correxisse facile concesserim, non temere aut fortuito factum esse inde colligitur, quod etiam ad corruptelas pertinet: 3, 17 *est* **Vb**[1]**k** *(erit)*, 4, 22 *vobiscum* **bck** *nobiscum* **V** *(vobis)*, 5, 30 *tubes* **TVb**[1] *(tubas)*, 9, 18 *repuli* **Vc** *(depuli)*, 19, 29 est om. **Tc**[4]). rivulus igitur ille, quem Parcensis agros irrigavisse suspicor, Italis quoque aquae liquidioris haustum praebuisse videtur.

Quae de affinitate codicum disputavimus, hoc fere stemmate declarari posse videntur:

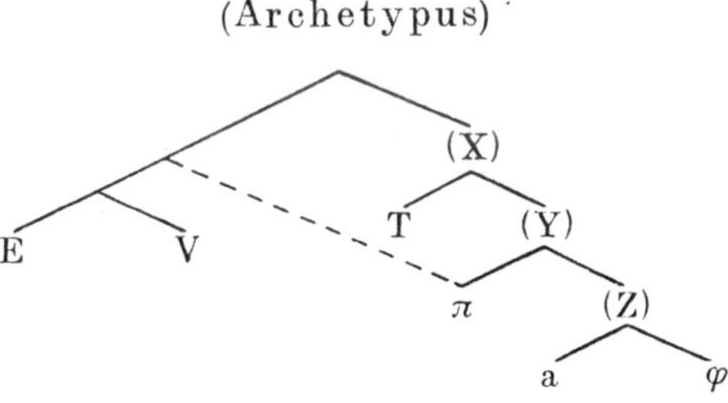

Inter viros doctos dissensio est, utrum Tegernseensi an Vaticano et Erfurtensi plus tribuendum sit. **V** scatit mendis, haud raro verborum series errore scribae mutata est, at interpolationibus vacat. quomodo **E**

---

1) His duobus locis in fonte Vaticani (vel in Erfurtensi) lectiones genuinas fuisse suspicor.

2) **V** et **E**, qui his tribus locis desunt, cum **T** consensisse puto.

3) Accedunt loci illi supra commemorati, quibus **πbck** soli genuinas lectiones servaverunt, quas ab **E**(**V**) deductas esse credo; neque enim Italos Parcensem expilavisse verisimile est.

4) Etiam in **EV**, quin in archetypo *est* omissum fuisse et a deterioribus perperam addi credo; melius: *carus⟨t⟩ utrisque atque iucundus* (‒‒◡‒‒◡‒‒‒).

se habuerit, ex paucis pagellis, quae servatae sunt, vix satis cognosci potest. **T** saepius videlicet sua sponte peccavit, ut illos prima tenere putaverim. certe, qui stemma supra propositum probaverit, consensum Vaticani (Erfurtensis) et deteriorum plus valere quam Tegernseensis lectiones non negabit, velut 12, 90 *ipso (ipse* **T***)*, 13, 12 *tribuam (tribuo* **T***)*, 16, 18 *posuisse (potuisse* **T***)* ; 3, 10 *vita mea (mea vita* **T***)*, 3, 19 *magis mihi (mihi magis* **T***)*, 8, 22 *me regem (regem me* **T***)*. itaque etiam iis locis, quibus **V** et **T** et ω suum quisque ordinem verborum praebet, satis dubium est, an **T** omnino praeferendus sit; quin etiam Vaticani auctoritas in dubium vocatur. ubique enim mendum archetypi subesse videtur, cui sua quisque ratione mederi conatus est. e. g. 1, 18 sqq. in archetypo fuisse suspicor *multis enim locis et data facultas est,* voce *mihi* in margine addita. atque genuinum ordinem deteriores fortuito restituisse puto, nam post *enim* vox illa facillime excidere potuit *(enī m̊)*. similiter 2, 30 et 3, 17 copulam *est* in archetypo omissam fuisse inde apparet, quod in **V** deest et Tegernseensis deteriorumque librarii alius alio loco eam inseruit. ac 2, 30 Clark quoque, alias Tegernseensis laudatur, meliore numero, nisi fallor, commotus deteriorum lectionem *levitatis est culpa (culpa est* **Tk***)* praetulit. quam equidem etiam 3, 17 eadem de causa anteposuerim: *una est bonorum (bonorum est* **T***) omnium causa.* duobus his locis accedit 2, 13 *non enim est una ratio* (**V**, *una est ratio* ω, *una ratio est* **T**), sed hic solum deteriorum ac Tegernseensis fontem communem copula caruisse verisimile est; vix enim in **V** eam legeremus, si, ut supra, in archetypo quoque defuisset; Vaticanus igitur ordinem genuinum servavisse videtur.

In ea orationis parte, quae neque in **V** neque in **E** invenitur, Tegernseensem plerumque secutus sum, quamquam, ut supra demonstravimus, non semper fides ei habenda est. e. g. vix dubitari potest, quin 22, 16 secundum deteriores *natura ac vita* scribendum sit; neque enim in ω esset *ac vita* voce *natura* omissa, si in communi Tegernseensis et deteriorum fonte *vita ac natura* (**T**) fuisset.

Scripsi Hamburgi Kal. Mai. anni MCMLXIII.

H. Kasten

PRO ARCHIA POETA

Ad libros, quibus oratio Sullana traditur, accedit testis locuples codex Gemblacensis nunc Bruxellensis 5352 (**G**) saec. XII Archianam solam **G**
exhibens, cum Tegernseensis et Parcensis ea careant.

Erfurtensem anno 1930 ipse contuli, nec absurdum videtur afferre,
quae a Clarkii apparatu discrepant: 36, 17 *vinclum*; 37, 20 *cum* om.;
37, 22 *domum (*non *in domum)*; 38, 3 *praetoremque Metellum*; 38, 31
*talibus (*pro *tabulis)*; 38, 32 m. 2: *civitatibus*; 39, 15 – 16 *iure* ... *Roma-*
norum om.; 39, 17 *p͞r consule*; 39, 20 *tanto opere, homine (*non *nomine)*;
39, 24 *doctrina* ... *animos* om.; 40, 15 *sapientium;* 40, 25 *ergo (*pro *ego);*
41, 5 *animi adversionem* (ut **V**);   41, 7 *adolescentia;* 41, 18 *architam;*
42, 30 *hec feruntur, ab his* (ut **G**); 43, 9 *continet* (ut **V**); 43, 10 *esse* (pro
eae ut **V**);   43, 20 *forte (*pro *fortunam);* 43, 26 *donaret;* 44, 1 *qui (*pro
quid); 44, 3 *praesentem (*pro *praesertim);* 44, 13 *etolis enio;* 45, 25
*itaque (*non *atque).*

Erfurtensem et Vaticanum arto vinculo coniunctos esse praesertim
interpolationibus *(*velut 39, 5 *sed credendum est;* 42, 15 *qualia carmina)*
et lacunis (velut 40, 26 – 28 *naturae* ... *doctrina* om.) demonstratur;
accedunt menda communia, velut 43, 9 *continet (continentur);* 43, 10
esse (eae); 45, 3 *pravi (parvi)* aliaque.

Vaticanum nonnumquam ad deteriores deficere P. Reis, qui priores
huius orationis editiones curavit, his locis ostendi putavit: 38, 31 *in nomine*
VΣb *(in nomen* cett.*),* 38, 32 *dubitetis* **Vφ** *(dubitatis* **GEa***),* 40, 30 *confir-*
matio **Vaφ** *(conformatio* **GE***),* 43, 18 *inveneris* **Vbc** *(invenisti* **k***, inveneras*
cett.*).* quod attinet ad 40, 30, concentus facile casu fieri potuit; ceteris
tribus locis deteriores potius lectiones secundum artem grammaticam
correctas a Vaticani proavo quam hunc a deterioribus sumpsisse crediderim, nisi forte unusquisque sua sponte correxit; nam fila illa tenuia
ab Italis ad meliores ducta, quamquam minus numerosa, etiam in
Archiana reperiuntur: 36, 15 *ne* **GEVb** *(nec);* 37, 10 *celebrantur* **EVb**
(celebrabantur); 38, 24 *an* **G¹EVpk** *(at);* 40, 17 *accenderet* **EVck** *(acce-*
deret); 42, 22 *natura* **Vbck** *(naturae);* 42, 25 *atque* **GEVb** *(ac);* 45, 25
atque **Vk** *(itaque);* 45, 29 *iudiciali* **Vk** *(iudicialique).*

De codice Laurentiano hic latius agendum est. in Sullana eum artissimo
vinculo cum Gallicis coniunctum esse supra diximus. in Archiana hoc
vinculum non tam firmum est, immo saepissime, saepius certe quam in
Sullana, a melioribus contra Gallicos stat. nec hoc casu accidisse videtur.
Sullanam enim una cum Miloniana, Pompeiana, Planciana novissime
repertam anno 1350 a Lapo de Castiglioncho amico Petrarca accepit

(v. Clark praef. p. V), cum Archianam ipse anno 1333 una cum spuria illa oratione, quae inscribitur *Pridie quam in exilium iret*, Leodii (hodie Liège, Lüttich) invenerit (v. Clark praef. pp. V et VIsq.). hunc codicem Leodinum a Petrarca repertum non multo recentiorem Gemblacensi, fortasse etiam eius aequalem fuisse ac proxime ad eum accessisse cum per se verisimile est tum hodie quoque.duobus locis demonstratur: 36, 5 codices **G** et **a** soli interpolationem *archia* exhibent, et 41, 8 corruptela *profugium* iis communis est.[1]) alia menda Laurentianus una cum melioribus servavit, cum ceteri deteriores ea correxerint, velut 39, 12 *censeam*, 44, 16 *locati*, 45, 12 *sive* om., ut his locis videlicet ipsum Leodinum teneamus. quae aliena sunt a melioribus, partim lectionem genuinam fortasse coniectura inventam praebent, velut 41, 2 *colendamque* et 43, 32 *duxerit*, partim non minus bona aut certe ipsa ferenda sunt. ac Petrarcam vel Lapum sua sponte 40, 15 *sapientium* in *sapientum* mutavisse vix quisquam crediderit, ut hanc Laurentiani lectionem Leodino attribuere debeamus; meliores videlicet illam formam inusitatam corrigendam esse censuerunt (cf. de lege agr. 1, 1, ubi in uno Erfurtensi est -*ium*). item 1, 15 *(possumus* **GEV**, *possemus* dett.) meliores peccavisse videntur – *possemus* enim numero meliore est –, nisi forte archetypus lectiones varias exhibuit, quod compluries eum fecisse tribus locis codicis **G** docemur (39, 2; 40, 4; 42, 29). neque enim, cum lectio *possumus* ipsa nihil offensionis habeat, Italos ex libidine eam mutavisse mihi persuadere possum. 37, 12 *admiratioque (-onemque* **GEV***)* et 40, 13 *exili (exilia* **GEV***)* Leodino an Italorum coniecturae debeantur, diiudicare non ausim; quamquam meliorum lectiones reiciendas esse putaverim.

Multo igitur sinceriorem traditionem in Archiana Laurentianum praebere apparet quam in Sullana. atque etiam Gallici hic multo meliores sunt quam illic; interpolationibus enim carent, quae sua sponte mutaverunt, plerumque non omnino stulta sunt, quin compluries veram lectionem recte restituerunt, velut 38, 15 *tabulas (tabellas)*; 39, 12 *censam (censeam)*; 44, 16 *togati (locati)*; 45, 12 *sive* add. ceterum corruptelis communibus, velut 38, 27 *Gabii (Gabini)*, 40, 29 *hoc* om., 41, 7 *at* om., 41, 17 *negligimus (neglegemus)*, 44, 23 *hortavi*, 45, 21 *negotiis (ingeniis)* satis demonstratur ex eodem fonte atque Laurentianum, hoc est ex codice Leodino, eos fluxisse.

Restat, ut pauca de codice Gemblacensi addam, qui merito longe optimus omnium putatur. sed cave nimium ei tribuas! quinquies lectiones proprias exhibet, ex quibus una ab editoribus reicitur (41, 22 *quotiens ego*

---

1) 38, 24 **G²** fortasse Leodinum ipsum adiit: *an* **G¹EVpk**, *at* **G²aΣbe**.

X

revocatum), una ab omnibus recepta est *(45, 32 certo)* ; duas nuper Gaffiot primus recipere ausus est *(38, 17 videmus* pro *habemus* et 43, 11 *eandem* pro *eodem)* ; 43, 6 *(eiciamus* pro *eiciemus)* iam Clark Gemblacensem secutus est. his tribus locis eius lectiones ceteris omnino praestare vix quisquam contenderit. neque dubito, quin etiam 45, 32 *certe scio* legendum sit, ut est in **EV**a*φ*; variant enim codices in aliis quoque orationibus, velut Rosc. Am. 21 *(certe Ω, certo* unus Salisb. 34), Caecin. 55 et 97 *(certo* **ETV**, *certe* dett.*)*, itemque in epistulis ad Att. et Qu. fr. ubique optimus ille Mediceus, interdum ab aliis comitatus, *certe* scribit (Att. 11, 10, 1 ; 13, 1 ; 12, 41, 3 ; 14, 13, 2 ; Qu. fr. 1, 1, 10 ; 3, 3), ut Ciceronem utraque forma usum fuisse verisimile sit.

Iam quae de affinitate codicum demonstravisse nobis videmur resumamus. codices Erfurtensem et Vaticanum artius inter se coniunctos esse cognovimus, item Gemblacensem et Leodinum. duo igitur germina ex archetypo procreata sunt; neque enim **E** et **V** ex **G** originem ducere apparet, quod illas Gemblacensis lectiones proprias non exhibent. ex Leodino Laurentianus ceterique deteriores fluxerunt. hoc igitur stemma conficere liceat :

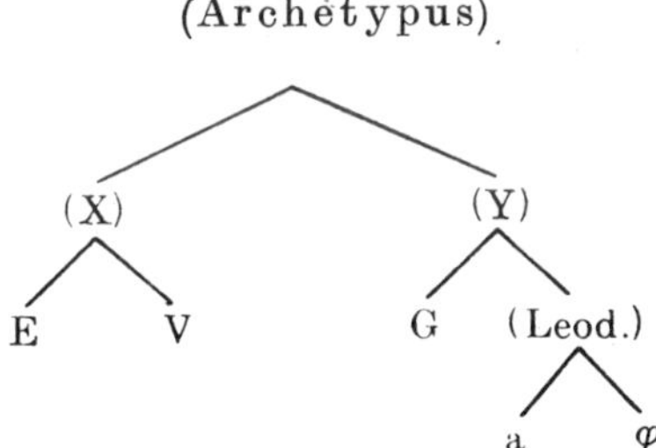

Lectiones a Pithoeo in margine exempli editionis Lambinianae adscriptas in apparatum recipere supersedi, cum ad textum constituendum nihil apportent; ex codice **p** eas sumptas esse suspicor, quocum semper fere congruunt.

Scripsi Hamburgi Kal. Mai. anni MCMLXIII.

H. Kasten

ORATIO

PRO P. CORNELIO SVLLA

EDITIONES

M. Tulli Ciceronis Orationes Vol. VI (pro Tullio, pro Fonteio, pro Sulla, pro Archia,
  pro Plancio, pro Scauro). Recognovit brevique adnotatione critica instruxit
  Albertus Curtis Clark. Oxonii: e Typographeo Clarendoniano 1911 (Oxford Classi-
  cal Texts).
M. Tulli Ciceronis Scripta quae manserunt Omnia Fasc. 19. Oratio pro P. Sulla
  recognovit *H. Kasten*. Lipsiae: in Aedibus B. G. Teubneri 1932 — Iterum recog-
  novit *H. Kasten* 1949.
Cicero, The speeches with an English translation. In Catilinam I-IV. Pro Murena.
  Pro Sulla. Pro Flacco. By *Louis E. Lord*. London: Heinemann 1937 (The Loeb
  Classical Library).
Cicéron, Discours T. XI. Pour Murena. Pour P. Sylla. Texte établi et traduit
  par *A. Boulanger*. Paris: Les Belles Lettres 1943 (Coll. des Universités de France).
  — 2. Ed. 1957.
M. Tulio Cicerón, Discursos Vol. X. Defensa de L. Murena. Defensa de P. Sila.
  Texto rev. y trad. por *Manuel Marin y Peña*. Barcelona: Alma Mater 1956.

SIGLA

T = codex Tegernseensis nunc Monacensis 18787 saec. XI/XII

E = codex Erfurtensis nunc Berolinensis 252 saec. XII/XIII (continet §§ 81—93;
  lectiones aliquot e priore orationis parte hodie deperdita excerpserunt Guliel-
  mius in ed. Gruteri et Zinzerlingus in promulside critica)

V = codex Vaticanus-Palatinus 1525 anno 1467 scriptus (desinit § 43)

π = codex Parcensis nunc Bruxellensis 14492 saec. XIV

a = codex Laurentianus (S. Crucis) XXIII. Sin. 3 (Lag. 43) saec. XIV

Σ = codex Parisinus 14749 (olim S. Victoris 91) saec. XIV/XV

p = codex Palatinus 1820 anno 1394 scriptus

b = codex S. Marci 255, Flor. Bibl. Nat. I. IV. 4 (Lag. 6) saec. XV

c = codex Oxoniensis Canonici 226 saec. XV

k = codex Parisinus 7779 anno 1459 scriptus

φ = codices **Σpbck**

ω = consensus codicum **πaφ**

Ω = omnes codices

Schol. = Scholiasta Bobiensis

NOTAE

Ang.	= Angelius	Lb.	= Lambinus
Aug.	= Ant. Augustinus	Man.	= Manutius
Buech.	= Buecheler	Mdv.	= Madvig
Bus.	= Busche	Mo.	= Mommsen
Cl.	= Clark	Mue.	= C. F. W. Mueller
Crat.	= Cratander	Naug.	= Naugerius
E. Eb.	= E. Eberhard	Or.	= Orelli
Gar.	= Garatoni	Pant.	= Pantagathus
Ha.	= Halm	Ri.	= Richter
A. Kl.	= A. Klotz	Syd.	= Sydow
R. Kl.	= R. Klotz	Zie.	= Zielinski
Landgr.	= Landgraf		

Maxime vellem, iudices, ut P. Sulla et antea dignitatis suae splen- 1
dorem optinere et post calamitatem acceptam modestiae fructum ali- 1
quem percipere potuisset; sed quoniam ita tulit casus infestus, ut et in
amplissimo honore cum communi ambitionis invidia tum singulari
5 Autroni odio everteretur et in his pristinae fortunae reliquiis miseris et
adflictis tamen haberet quosdam, quorum animos ne supplicio quidem
suo satiare posset, quamquam ex huius incommodis magnam animo mo-
lestiam capio, tamen in ceteris malis facile patior oblatum mihi tempus
esse, in quo boni viri lenitatem meam misericordiamque notam quondam
10 omnibus, nunc quasi intermissam agnoscerent, inprobi ac perditi cives
redomiti atque victi praecipitante re publica vehementem me fuisse atque fortem, conservata mitem ac misericordem faterentur. et quoniam 2
L. Torquatus meus familiaris ac necessarius, iudices, existimavit, si nostram in accusatione sua necessitudinem familiaritatemque violasset,
15 aliquid se de auctoritate meae defensionis posse detrahere, cum huius
periculi propulsatione coniungam defensionem officii mei. quo quidem
genere orationis non uterer, iudices, hoc tempore, si mea solum inter-
esset; multis enim mihi locis et data facultas est et saepe dabitur de
mea laude dicendi; sed ut ille vidit, quantum de mea auctoritate deri-
20 puisset, tantum se de huius praesidiis deminuturum, sic hoc ego sentio,
si mei facti rationem vobis constantiamque huius officii ac defensionis
probaro, causam quoque me P. Sullae probaturum.

Ac primum abs te illud, L. Torquate, quaero, cur me a ceteris claris- 3
simis viris ac principibus civitatis in hoc officio atque in defensionis iure
25 secernas. quid enim est, quam ob rem abs te Q. Hortensi factum, cla-
rissimi viri atque ornatissimi, non reprehendatur, reprehendatur meum?
nam si est initum a P. Sulla consilium inflammandae urbis huius, extin-
guendi imperii, delendae civitatis, mihi ⟨non⟩ne maiorem hae res dolorem

TVω] 2 optineret Ω corr. Naug. ‖ 3 percipere potuisset TEV potuisset perci-
pere ω | sed . . . 5 everteretur Grill. p. 93, 1 Mart. ‖ 3.4 et in amplissimo V am-
plissimo in Tω et amplissimo Grill. ‖ 9 esse om. aφ ‖ 9.10 omnibus quondam ω ‖
14 necessitudinem TVk necessitatem aφ consuetudinem π ‖ 17 non uterer orationis Taφ ‖ 18 locis et data mihi V locis mihi et data T ‖ 19 vidit] iudices aφ ‖
20 diminuturum V; speravit add. Σ mg. putat add. ck ‖ 22 probavero Vπ ‖ 26 reprehendatur semel Va ‖ 27 huius urbis huius V civitatis huius ω huius civitatis T ‖
28 civitatis V urbis Tω | mihi ⟨non⟩ne scripsi mihine Ha. michi me V mihi Tω

quam Q. Hortensio, mihi maius odium adferre debent, meum denique gravius esse iudicium, qui adiuvandus in his causis, qui oppugnandus, qui
defendendus, qui deserendus esse videatur? 'ita' inquit; 'tu enim investi-
gasti, tu patefecisti coniurationem.' quod cum dicit, non attendit eum,
qui patefecerit, hoc curasse, ut id omnes viderent, quod antea fuisset 5
occultum. quare ista coniuratio si patefacta per me est, tam patet Hortensio quam mihi. quem cum videas hoc honore, auctoritate, virtute,
consilio praeditum non dubitasse, quin innocentiam P. Sullae defenderet,
quaero, cur, qui aditus ad causam Hortensio patuerit, mihi interclusus
esse debuerit; quaero illud etiam, si me, qui defendo, reprehendendum 10
putas esse, quid tandem de his existimes summis viris et clarissimis civi-
bus, quorum studio et dignitate celebrari hoc iudicium, ornari causam,
defendi huius innocentiam vides. non enim est una ratio defensionis,
ea, quae posita est in oratione; omnes, qui adsunt, qui laborant, qui salvum volunt, pro sua parte atque auctoritate defendunt. an vero in qui- 15
bus subselliis haec ornamenta ac lumina rei publicae viderem, in his me
apparere nollem, quom ego illum in locum atque in hanc excelsissimam
sedem dignitatis et honoris multis meis ac magnis laboribus et periculis
ascendissem? atque ut intellegas, Torquate, quem accuses, si te forte id
offendit, quod ego, qui in hoc genere quaestionis defenderim neminem, 20
non desim P. Sullae, recordare de ceteris, quos adesse huic vides; intelleges et de hoc et de aliis iudicium meum et horum par atque unum fuisse.
quis nostrum adfuit Vargunteio? nemo, ne hic quidem Q. Hortensius, praesertim qui illum solus antea de ambitu defendisset. non enim iam se ullo
officio cum illo coniunctum arbitrabatur, cum ille tanto scelere commisso 25
omnium officiorum societatem diremisset. quis nostrum Serv. Sullam,
quis Publium, quis M. Laecam, quis ⟨C.⟩ Cornelium defendendum putavit, quis iis horum adfuit? nemo. quid ita? quia in ceteris causis etiam
nocentes viri boni, si necessarii sunt, deserendos esse non putant; in hoc
crimine non solum levitatis est culpa, verum etiam quaedam contagio 30
sceleris, si defendas eum, quem obstrictum esse patriae parricidio suspi-

TV ω] **2** in hiis *bis* **V** ‖ **3** deserandus **V** | videtur **V** ‖ **4** quod tum **V** ‖ **7** honore
hoc **ω** ‖ **8** innocentem **T ω** | syllo **TV** sillam **ω** ‖ **13** una est ratio **ω** una ratio
est **T** ‖ **17** quom] quorum **Ω** cum *cod. Salisb. 34 Ha. Cl.* | ego ⟨exemplo⟩ *A. Kl.*;
ope *add.* *Σ mg.* auxilio *add.* **c k**; luminum *pro* illum *proposuit Syd.* | celsissimam
T ω ‖ **18** et] atque **T ω** | ac **V ω** et **T** ‖ **19** forte *om.* **T ω** ‖ **20** in *om.* **T ω** ‖ **21** in-
tellegeres **T** ‖ **22** aliis **TV** ceteris **ω** ‖ **23** Q. *om.* **V** ‖ **24** ambitu **V ω** ambulatu **T** ‖
26 quis vestrum **V** ‖ **27** Publium] P. Lentulum **c k** | ⟨C.⟩ *add. Man.* ‖ **28** quis his
horum **T a φ** quis horum iis **π k** quorum **V** *corr. Gar.* | ceteris in **T ω** ‖ **29** deseren-
dos **V** defendendos **T ω** ‖ **30** culpa est **T k** culpa **V** | velut (*pro* verum) **V** ‖ **31** de-
fendendas **T** | eum *om.* **T** | parricidio **T E V π a** *om.* **φ**

cere. quid? Autronio nonne sodales, non collegae sui, non veteres amici, 7
quorum ille copia quondam abundarat, non hi omnes, qui sunt in re
publica principes, defuerunt? immo etiam testimonio plerique laeserunt.
statuerant tantum illud esse maleficium, quod non modo non occultari
5 per se, sed etiam aperiri illustrarique deberet. quam ob rem quid est, quod 3
mirere, si cum isdem me in hac causa vides adesse, cum quibus in ceteris
intellegis afuisse? nisi vero me unum vis ferum praeter ceteros, me
asperum, me inhumanum existimari, me singulari inmanitate et crudc-
litate praeditum. hanc mihi si tu propter meas res gestas imponis in 8
10 omni vita mea, Torquate, personam, vehementer erras. me natura misericordem, patria severum, crudelem nec patria nec natura esse voluit;
denique istam ipsam personam vehementem et acrem, quam mihi tum
tempus et res publica inposuit, iam voluntas et natura ipsa detraxit.
illa enim ad breve tempus severitatem postulavit, haec in omni vita mi-
15 sericordiam lenitatemque desiderat. quare nihil est, quod ex tanto comi- 9
tatu virorum amplissimorum me unum abstrahas – simplex officium atque una est bonorum omnium causa –, nihil erit, quod admirere posthac, si in ea parte, in qua hos animum adverteris, me videbis. nulla est
enim in re publica mea causa propria; tempus agendi fuit magis mihi
20 proprium quam ceteris, doloris vero et timoris et periculi fuit illa causa
communis; neque enim ego tunc princeps ad salutem esse potuissem, si
esse alii comites noluissent. quare necesse est, quod mihi consuli praeci-
puum fuit praeter alios, id iam privato cum ceteris esse commune. neque
ego hoc partiendae invidiae, sed communicandae laudis causa loquor;
25 oneris mei partem nemini impertio, gloriae bonis omnibus. ꞌin Autronium 10
testimonium dixistiꞌ inquit; ꞌSullam defendis.ꞌ hoc totum eius modi est,
iudices, ut, si ego sum inconstans ac levis, nec testimonio fidem tribui
convenerit nec defensioni auctoritatem; sin est in me ratio rei publicae,
religio privati officii, studium retinendae voluntatis bonorum, nihil
30 minus accusator debet dicere quam a me defendi Sullam, testimonio lae-
sum esse Autronium. videor enim iam non solum studium ad defendendas

TVω] 1 nonne collegae V ‖ 4 illud tantum T | *alterum* non *om.* V ‖ 7 intelle-
ges T | affuisse *Ω corr. Lb.* | unum fers praeter T ‖ 7.8 me asspes T ‖ 9 tu si Tω |
res meas ω ‖ 10 mea vita T | personam torquate ω ‖ 11 nec natura nec patria V ‖
17 bonorum est T bonorum V | erit Tω est Vb¹k *fort. delend.* ‖ 18 si mea parte T |
advertetis V ‖ 19 causa mea ω | mihi magis Tb¹ ‖ 21 ego *om.* ω | tunc princeps
TVπk pr. t. aφ ‖ 25 impercior V | in autronio . . . 26 defendis *Schol.* ‖ 27 sum
TVb¹ sim ω ‖ 28 tenuerit (*pro* convenerit) V ‖ 30 quam ad a me V ‖ 31 videor
. . . p. 4, 1 adferre *Schol.* | iam *om.* φ

causas, verum etiam opinionis aliquid et auctoritatis adferre; qua ego
et moderate utar, iudices, et omnino non uterer, si ille me non coegisset.
4
11 Duae coniurationes abs te, Torquate, constituuntur, una, quae Lepido
et Volcacio consulibus, patre tuo consule designato facta esse dicitur,
altera, quae me consule; harum in utraque Sullam dicis fuisse. patris ⁵
tui, fortissimi viri atque optimi consulis scis me consiliis non interfuisse;
scis me, cum mihi summus tecum usus esset, tamen illorum expertem
temporum et sermonum fuisse, credo, quod nondum penitus in re publica
versabar, quod nondum ad propositum mihi finem honoris perveneram,
quod me ambitio et forensis labor ab omni illa cogitatione abstrahebat. ¹⁰
12 quis ergo intererat vestris consiliis? omnes hi, quos vides huic adesse,
et in primis Q. Hortensius; qui cum propter honorem ac dignitatem
atque animum eximium in rem publicam, tum propter summam fami-
liaritatem summumque amorem in patrem tuum cum communibus tum
praecipuis patris tui periculis commovebatur. ergo istius coniurationis ¹⁵
crimen defensum ab eo est, qui interfuit, qui cognovit, qui particeps et
consilii vestri fuit et timoris; cuius in hoc crimine propulsando cum esset
copiosissima atque ornatissima oratio, tamen non minus auctoritatis
inerat in ea quam facultatis. illius igitur coniurationis, quae contra vos
facta, delata ad vos, a vobis prolata esse dicitur, ego testis esse non po- ²⁰
tui; non modo animo nihil .comperi, sed vix ad auris meas istius suspi-
13 cionis fama pervenit. qui vobis in consilio fuerunt, qui vobiscum illa
cognorunt, quibus ipsis periculum tum conflari putabatur, qui Autronio
non adfuerunt, qui in illum testimonia gravia dixerunt, hunc defendunt,
huic adsunt, in huius periculo declarant se non crimine coniurationis, ²⁵
ne adessent ceteris, sed hominum maleficio deterritos esse. mei consulatus autem tempus et crimen maximae coniurationis a me defendetur.
atque haec inter nos partitio defensionis non est fortuito, iudices, nec
temere facta; sed cum videremus eorum criminum nos patronos adhi-
beri, quorum testes esse possemus, uterque nostrum id sibi suscipiendum ³⁰

TVω] **1** etiam *om.* **aφ** ‖ **2** et moderate ego **ω** ‖ **3** duae ... constituuntur *Schol.* |
ab **V** ‖ **4** patre tuo consule *om.* **π** | designata **V** designatis **π** ‖ **6** non interfuisse
Tω interfuisse dicis **V** ‖ **8** sermonem **V** ‖ **9** praepositum **V** | funem (*pro* finem) **V** ‖
10 mea (*pro* me) **aφ** ‖ **12** honorem atque dignitatem ac animum extimumque **V** ‖
14 amorem **Vc** honorem **Tω** | tum (*pro* cum) **πbck** ‖ **15** ergo ... **16** interfuit
Schol. ‖ **18.19** auctoritatis inerat **Vb** inerat auctoritatis **Tω** ‖ **19.20** facta contra
vos **Tω** ‖ **21** non modo ... **22** pervenit *Schol.* | enim (*pro* animo) **φ** | vix *om.*
Schol. ‖ **22** famam *Schol.* | vobis] vobiscum **bck** nobiscum **V** ‖ **23** cognoverunt **V** |
tuum (*pro* tum) **T** ‖ **28** haec **Tπk** hic **V** *om.* **aφ** | defensionis *om.* **aφ** | fortuitu **V** ‖
30 verbi (*pro* sibi) **V**

putavit, de quo aliquid scire ipse atque existimare potuisset. et quoniam **5**
de criminibus superioris coniurationis Hortensium diligenter audistis, **14**
de hac coniuratione, quae me consule facta est, hoc primum attendite.
   Multa, cum essem consul, de summis rei publicae periculis audivi,
5 multa quaesivi, multa cognovi; nullus umquam de Sulla nuntius ad me,
nullum indicium, nullae litterae pervenerunt, nulla suspicio. multum
haec vox fortasse valere deberet eius hominis, qui consul insidias rei
publicae consilio investigasset, veritate aperuisset, magnitudine animi
vindicasset, cum is se nihil audisse de P. Sulla, nihil suspicatum esse
10 diceret. sed ego nondum utor hac voce ad hunc defendendum; ad purgan-
dum me potius utar, ut mirari Torquatus desinat me, qui Autronio non ad-
fuerim, Sullam defendere. quae enim Autroni fuit causa, quae Sullae est? **15**
ille ambitus iudicium tollere ac disturbare primum conflato voluit gla-
diatorum et fugitivorum tumultu, deinde id, quod vidimus omnes,
15 lapidatione atque concursu; Sulla, si sibi suus pudor ac dignitas non prod-
esset, nullum auxilium requisivit. ille damnatus ita se gerebat non solum consiliis et sermonibus, verum etiam aspectu et vultu, ut inimicus
esse amplissimis ordinibus, infestus bonis omnibus, hostis patriae videretur; hic se ita fractum illa calamitate atque adflictum putavit, ut nihil
20 sibi ex pristina dignitate superesse arbitraretur, nisi quod modestia reti-
nuisset. hac vero in coniuratione quid tam coniunctum quam ille cum **16**
Catilina, cum Lentulo? quae tanta societas ullis inter se rerum optimarum, quanta ei cum illis sceleris, libidinis, audaciae? quod flagitium
Lentulus non cum Autronio concepit? quod sine eodem illo Catilina fa-
25 cinus admisit? cum interim Sulla cum eisdem illis non modo noctem
solitudinemque non quaereret, sed ne mediocri quidem sermone et
congressu coniungeretur. illum Allobroges, maximarum rerum verissimi **17**
indices, illum multorum litterae ac nuntii coarguerunt; Sullam interea
nemo insimulavit, nemo nominavit. postremo eiecto sive emisso iam ex
30 urbe Catilina ille arma misit, cornua, tub⟨as, secur⟩es, fasces, signa
legionis, ille relictus intus, expectatus foris, Lentuli poena compressus

TVω] 4 multa . . . 6 suspicio *Schol.* ‖ 6 iudicium **TVπφ** (*exc.* b²) ‖ **7** deberet
valere **πφ** ‖ **8** verite **V** ‖ **9** ipse (*pro* is se) **ω** | laudis (*pro* audisse) **V** ‖ **10** sed . . .
defendendum *Schol.* | utar **Vπ** | hac voce *om. Schol.* ‖ **11** non affuerim **VTπ** affu-
erim **ab** abfuerim **φ** ‖ **12** quae . . . est *Schol.* | autroniis fuit **V** fuit autronii *Schol.* |
causam **V** ‖ **13** tolle **T** | conflata **V** | gladiorum **T** ‖ **14** et **TV** ac **ω** | in multu (*pro*
tumultu) **V** ‖ **16** ita (*pro* ille) **T** ‖ **17** et vultu **Vc** atque vultu **Tω** ‖ **19** factum **T** ‖
21 illa **V** ‖ **26** solicitudinemque **V** ‖ **27** illum . . . 28 indices *Schol.* ‖ **28** iudices
VπaΣb¹ ‖ **30** secures *addidi coll. Catil. 2, 13* tubes **TVb¹** tubas **ω** | falces **Tω** ‖
31 legionis *Aug.* legiones **Ω** legionibus *A. Kl.* legionum *Cl.* | lentu **T**

convertit se aliquando ad timorem, numquam ad sanitatem; hic contra
ita quievit, ut eo tempore omni Neapoli fuerit, ubi neque homines fuisse
putantur huius adfines suspicionis et locus est ipse non tam ad inflam-
mandos calamitosorum animos quam ad consolandos accommodatus.

6   Propter hanc igitur tantam dissimilitudinem hominum atque causa- 5
18 rum dissimilem me in utroque praebui. veniebat enim ad me et saepe
veniebat Autronius multis cum lacrimis supplex, ut se defenderem, et se
meum condiscipulum in pueritia, familiarem in adulescentia, collegam
in quaestura commemorabat fuisse; multa mea in se, nonnulla sua in me
etiam proferebat officia. quibus ego rebus, iudices, ita flectebar animo 10
atque frangebar, ut iam ex memoria, quas mihi ipsi fecerat insidias, de-
ponerem, ut iam inmissum esse ab eo C. Cornelium, qui me in meis sedi-
bus, in conspectu uxoris ac liberorum meorum trucidaret, obliviscerer.
(19)quae si de uno me cogitasset, qua mollitia sum animi ac lenitate, num-
19 quam mehercule illius lacrimis ac precibus restitissem; sed cum mihi 15
patriae, cum vestrorum periculorum, cum huius urbis, cum illorum delu-
brorum atque templorum, cum puerorum infantium, cum matronarum
ac virginum veniebat in mentem, et cum illae infestae ac funestae faces
universumque totius urbis incendium, cum tela, cum caedes, cum civium
cruor, cum cinis patriae versari ante oculos atque animum memoria re- 20
fricare coeperat, tum denique ei resistebam, neque solum illi hosti ac
parricidae, sed his etiam propinquis illius Marcellis patri et filio, quorum
alter apud me parentis gravitatem, alter filii suavitatem optinebat;
neque me arbitrabar sine summo scelere posse, quod maleficium in aliis
20 vindicassem, idem in illorum socio, cum scirem, defendere. atque idem 25
ego neque P. Sullam supplicem ferre neque eosdem Marcellos pro huius
periculis lacrimantes aspicere neque huius M. Messalae hominis necessarii preces sustinere potui; neque enim est causa adversata naturae, nec
homo nec res misericordiae meae repugnavit. nusquam nomen, nusquam
vestigium fuerat, nullum crimen, nullum indicium, nulla suspicio. suscepi 30
causam, Torquate, suscepi et feci libenter, ut me, quem boni constantem,
ut spero, semper existimassent, eundem ne improbi quidem crudelem
dicerent.

TVω] **1** hic ... **2** fuerit *Schol.* ‖ **3** putant **V** | suspicionis] scipionis **V** | et ...
4 accommodatus *Schol.* ‖ **3.4** adflammandos calamitates eorum animos **V** ‖ **6** dissi-
milemque in utroque **T** | veniebat ... **7** autronius *Schol.* ‖ **8** discipulum **V** ‖ **9.10**
etiam sua in me **ω** ‖ **11** iam **TV** etiam **ω** | ipse **T²b** ‖ **12** sedibus meis **Tω** ‖ **13** uxo-
ris meae **ω** ‖ **14** levitate **Vφ** (*exc.* **b²k**) ‖ **18** venustae (*pro* infestae) **V** ‖ **19** cum
tela *om.* **T** ‖ **26** hos (*pro* eosdem) **T** | pro huius **EVπa** pro **T** *om.* **φ** ‖ **27** periculis
lacrimantes aspicere **TEV** *om.* **ω** | neque huius *om.* **πa** ‖ **28** est *om.* **T** ‖ **28.29** nec
res nec homo **V** ‖ **30** fuerat nullum nullum **V** | nulla suspicio **EV** *om.* **Tω** ‖ **31** aut me **V**

Hic ait se ille, iudices, regnum meum ferre non posse. quod tandem, Torquate, regnum? consulatus credo mei; in quo ego imperavi nihil et contra patribus conscriptis et bonis omnibus parui; quo in magistratu non institutum est videlicet a me regnum, sed repressum. an tu in tanto imperio, tanta potestate non dicis me fuisse regem, nunc privatum regnare dicis? quo tandem nomine? 'quod, in quos testimonia dixisti' inquit 'damnati sunt; quem defendis, sperat se absolutum iri.' hic tibi ego de testimoniis meis hoc respondeo, si falsum dixerim, te in eosdem dixisse; sin verum, non esse hoc regnare, cum verum iuratus dicas, probare. de huius spe tantum dico nullas a me opes P. Sullam, nullam potentiam, nihil denique praeter fidem defensionis expectare. 'nisi tu' inquit 'causam recepisses, numquam mihi restitisset, sed indicta causa profugisset.' si iam tibi hoc concedam Q. Hortensium tanta gravitate hominem, si hos tales viros non suo stare iudicio sed meo; si hoc tibi dem, quod credi non potest, nisi ego huic adessem, hos adfuturos non fuisse, uter tandem rex est, isne, cui innocentes homines non resistunt, an is, qui calamitosos non deserit? at hic etiam id, quod minime tibi necesse fuit, facetus esse voluisti, cum Tarquinium et Numam et me tertium peregrinum regem esse dixisti. mitto iam de rege quaerere; illud quaero, peregrinum cur me esse dixeris. nam si ita sum, non tam est admirandum regem me esse, quoniam, ut tu ais, etiam peregrini reges Romae fuerunt, quam consulem Romae fuisse peregrinum. 'hoc dico' inquit 'te esse ex municipio.' fateor et addo etiam: ex eo municipio, unde iterum iam salus huic urbi imperioque missa est. sed scire ex te pervelim, quam ob rem, qui ex municipiis veniant, peregrini tibi esse videantur. nemo istuc M. illi Catoni seni, cum plurimos haberet inimicos, nemo Ti. Coruncanio, nemo ⟨M'.⟩ Curio, nemo huic ipsi nostro C. Mario, cum ei multi inviderent, obiecit umquam. equidem vehementer laetor eum esse me, in quem tu, cum cuperes, nullam contumeliam iacere potueris, quae non

TVω] 1 quod ... 2 nihil *Schol.* ‖ 2 mihi (*pro* mei) **V** ‖ 4 videlicet a me **V** a me iudices **Tω** | repressum **V** promissum **Tπapb²c** non permissum **Σb¹kp** *mg.* | an ... 5 dices (*sic*) *Schol.* | tu **Vπ** *Schol.* tum **Taφ** ‖ 5 tanta **TV** *Schol., de ceteris non constat:* tanta *auctore Cl.,* tantaque *auctore Mue.* | dices *Schol. Stangl* | me *om.* **aφ** ‖ 6 dices *Stangl* ‖ 8 respondebo **T** | si ... 9 probare *Schol.* | eos **Tω** ‖ 9 si *Schol.* | iuratus **Tb** *Schol.* iuratis **V** iuratos **ω** ‖ 10 nullam *om.* **TVa** ‖ 11 propter (*pro* praeter) **T** ‖ 12 si (*pro* sed) **V** ‖ 13 tibi hoc **Vπ** hoc tibi **Taφ** | gravitate tanta **V** ‖ 14 tibi idem **Ω** *corr. Naug.* ‖ 16 uter ... 19 dixisti *Schol.* ‖ 17 id ... 18 fuit *om. Schol.* | tibi necesse minime **Tω** ‖ 19 queror **V** ‖ 20 esse me **Tω** ‖ 21 quoniam **TV** quia **ω** | ais **T** agis **V** vis **ω** | etiam **Ω** iam *Mue.* duo iam *Cl.* ‖ 22 hoc ... 24 est *Schol.* | inquis **V** | e *Schol.* ‖ 23 eo *om.* **Tb¹** ‖ 25 nemo ... 27 curio *Schol.* ‖ 25.26 nemo enim istuc **Tω** ‖ 26 illi *om. Schol.* | cum ... inimicos *om.* **Tπφ** *Schol.* | Ti. **TVa** *Schol.* T. **πφ** ‖ 27 M'. *Schol. om.* **Ω** | curio **πc** *Schol.* curioni **TVaφ**

8 ad maximam partem civium conveniret. sed tamen te a me pro magnis causis nostrae necessitudinis monendum esse etiam atque etiam puto. non possunt omnes esse patricii; si verum quaeris, ne curant quidem; nec
24 se aequales tui propter istam causam abs te anteiri putant. ac si tibi nos peregrini videmur, quorum iam et nomen et honos inveteravit et urbi huic et hominum famae ac sermonibus, quam tibi illos competitores tuos peregrinos videri necesse erit, qui iam ex tota Italia delecti tecum de honore ac de omni dignitate contendent! quorum tu cave quemquam peregrinum appelles, ne peregrinorum suffragiis obruare. qui si attulerint nervos et industriam, mihi crede, excutient tibi istam verborum iactationem et te ex somno saepe excitabunt nec patientur se abs te,
25 nisi virtute vincentur, honore superari. ac si, iudices, ceteris patriciis me et vos peregrinos videri oporteret, a Torquato tamen hoc vitium sileretur; est enim ipse a materno genere municipalis, honestissimi ac nobilissimi generis, sed tamen Asculani. aut igitur doceat Picentis solos non esse peregrinos aut gaudeat suo generi me meum non anteponere. quare neque tu me peregrinum posthac dixeris, ne gravius refutere, neque regem, ne derideare. nisi forte regium tibi videtur ita vivere, ut non modo homini nemini sed ne cupiditati quidem ulli servias, contemnere omnes libidines, non auri, non argenti, non ceterarum rerum indigere, in senatu sentire libere, populi utilitati magis consulere quam voluntati, nemini cedere, multis obsistere. si hoc putas esse regium, me regem esse confiteor; sin te potentia mea, si dominatio, si denique aliquod dictum arrogans aut superbum movet, quin tu id potius profers quam verbi invidiam contumeliamque maledicti?
9
26   Ego tantis a me beneficiis in re publica positis si nullum aliud mihi praemium ab senatu populoque Romano nisi honestum otium postularem, quis non concederet? sibi haberent honores, sibi imperia, sibi provincias, sibi triumphos, sibi alia praeclarae laudis insignia; mihi liceret eius urbis, quam conservassem, conspectu tranquillo animo et

TVω] **1** pertineret (*pro* conveniret) π b² c ‖ **3** curent T ‖ **4** at (*pro* ac) b¹ c ‖ **5** et nomen Tω nomen V c *Mue.* ‖ **5.6** huic urbi ω ‖ **6** hominum *om.* V ‖ **8** ac TV et ω | contendunt ω certabunt c | cave tu Tω ‖ **9** obgurgare (*pro* obruare) T | si ita attulerint V si attulerit T ‖ **12** at (*pro* ac) V b¹ c | ceteris *om.* V ‖ **14** est . . . **15** asculani *Schol.* | a *om. Schol.* | ac nobilissimi *om. Schol.* ‖ **15** solos esse non esse V ‖ **16** ante non ponere a φ ‖ **17** posthᵉoc T ‖ **18** nisi . . . vivere *Schol.* ‖ **21** populi . . . voluntati *alludit Aug. epist. 54 (CSEL 34, 587, 25) et 138 (ibid. 44, 140, 4)* | magis utilitati V ‖ **22** regium] regnum π b¹ c² k | regem me T ‖ **23** si (*pro* sin) V ‖ **26** ego . . . **28** concederet *Schol.* ‖ **27** a ω ‖ **28** non *om. Schol.* | ⟨ceteri⟩ sibi haberent *Cl.*

quieto frui. quid, si hoc non postulo ? si ille labor meus pristinus, si solli-
citudo, si officia, si operae, si vigiliae deserviunt amicis, praesto sunt omnibus; si neque amici in foro requirunt studium meum neque res publica
in curia; si me non modo non rerum gestarum vacatio, sed neque honoris
5 neque aetatis excusatio vindicat a labore; si voluntas mea, si industria,
si domus, si animus, si aures patent omnibus; si mihi ne ad ea quidem,
quae pro salute omnium gessi, recordanda et cogitanda quicquam relin-
quitur temporis: tamen hoc regnum appellabitur, cuius vicarius qui
velit esse inveniri nemo potest? longe abest a me regni suspicio; sin 27
10 quaeris, qui sint Romae regnum occupare conati, ut ne replices annalium
memoriam, ex domesticis imaginibus invenies. res enim gestae, credo,
meae me nimis extulerunt ac mihi nescio quos spiritus attulerunt. quibus
de rebus tam claris, tam inmortalibus, iudices, hoc possum dicere me,
qui ex summis periculis eripuerim urbem hanc et vitam omnium civium,
15 satis adeptum fore, si ex hoc tanto in omnis mortalis beneficio nullum
in me ipsum periculum redundarit. etenim, in qua civitate res tantas 28
gesserim, memini et, qua in urbe verser, intellego. plenum forum est
eorum hominum, quos ego a vestris cervicibus depuli, iudices, a meis non
removi. nisi vero paucos fuisse arbitramini, qui conari aut sperare possent
20 se tantum imperium posse delere. horum ego faces eripere de manibus
et gladios extorquere potui, sicuti feci, voluntates vero consceleratas ac
nefarias nec sanare potui nec tollere. quare non sum nescius, quanto periculo vivam in tanta multitudine improborum, cum mihi uni cum omnibus improbis aeternum videam bellum esse susceptum. quodsi illis **10**
25 meis praesidiis forte invides et si ea tibi regia videntur, quod omnes boni 29
omnium generum atque ordinum suam salutem cum mea coniungunt,
consolare te, quod omnium mentes improborum mihi uni maxime sunt
infensae et adversae; qui me non [modo] solum idcirco oderunt, quod
eorum conatus impios et furorem consceleratum repressi, sed eo etiam
30 magis, quod nihil iam se simile me vivo conari posse arbitrantur. at vero 30
quid ego mirer, si quid ab improbis de me improbe dicitur, cum L. Torquatus primum ipse his fundamentis adulescentiae iactis, ea spe proposita amplissimae dignitatis, deinde L. Torquati, fortissimi consulis,

TVω] **4** modo rerum **ck** | vocatio **Va** ‖ **9** a me **EV** *om.* **Tω** | si **Tω** ‖ **11** et (*pro*
ex) **T** ‖ **13** hic (*pro* hoc) **V** ‖ **14** eripuerim periculis **ω** ‖ **15** inmortalis **T** ‖ **16** ipsum
om. **Tω** | redundarit **TEV** -bit **ω** | etenim . . . **19** removi *Schol.* | rem tantam
Schol. ‖ **17** et in qua urbe **πaΣpcb²** in qua u. **b¹k** *Schol.* | verser **TEV** *Schol.*
versor **π** *om.* **aφ** ‖ **18** repuli **Vc** ‖ **20** se] sed **T** ‖ **21** sicut **ω** ‖ **24** esse bellum susceptum **T** b. s. esse **V** ‖ **25** regna **T** ‖ **28** non solum **πck** non modo solum *cett.* so-
lum non modo *Bus.* ‖ **29.30** magis etiam **V** ‖ **30** iam *om.* **V** | at] ac **T** ‖ **31** miror **ω** ‖
32 his fundamentis ipse **V**

constantissimi senatoris, semper optimi civis filius interdum efferatur inmoderatione verborum ? qui cum suppressa voce de scelere P. Lentuli, de audacia coniuratorum omnium dixisset, tantum modo, ut vos, qui ea probatis, exaudire possetis, de supplicio ⟨sumpto⟩ de Lentulo, de
31 carcere magna et queribunda voce dicebat. in quo primum illud erat absurdum, quod, cum ea, quae leviter dixerat, vobis probare volebat, eos autem, qui circum iudicium stabant, audire nolebat, non intellegebat ea, quae clare diceret, ita illos audituros, quibus se venditabat, ut vos quoque audiretis, qui id non probabatis; deinde alterum iam oratoris vitium, non videre, quid quaeque causa postulet. nihil est enim tam alienum ab eo, qui alterum coniurationis accuset, quam videri coniuratorum poenam mortemque lugere. quod cum is tribunus plebis facit, qui unus videtur ex illis ad lugendos coniuratos relictus, nemini mirum est; difficile est enim tacere, cum doleas; te, si quid facis eius modi, non modo talem adulescentem, sed in ea causa, in qua te vindicem coniurationis velis
32 esse, vehementer admiror. sed reprehendo tamen illud maxime, quod isto ingenio et prudentia praeditus causam rei publicae non tenes, qui arbitrere plebi Romanae res eas non probari, quas me consule
11 omnes boni pro salute communi gesserunt. ecquem tu horum, qui adsunt, quibus te contra ipsorum voluntatem venditabas, aut tam sceleratum statuis fuisse, ut haec omnia perire voluerit, aut tam miserum, ut et se perire cuperet et nihil haberet, quod salvum esse vellet ? an vero clarissimum virum generis vestri ac nominis nemo reprehendit, qui filium suum vita privavit, ut in ceteros firmaret imperium; tu rem publicam reprehendis, quae domesticos hostis, ne ab iis ipsa necaretur, neca-
33 vit ? itaque attende, Torquate, quam ego defugiam auctoritatem consulatus mei ! maxima voce, ut omnes exaudire possint, dico semperque dicam: adeste omnes animis, qui adestis, quorum ego frequentia magnopere laetor; erigite mentes auresque vestras et me de invidiosis rebus, ut ille putat, dicentem attendite ! ego consul, cum exercitus perditorum civium clandestino scelere conflatus crudelissimum et luctuosissimum

---

TVω] 2 P. Lentuli *secl. Gar.* || 4 ⟨sumpto⟩ *add. Syd.* | de lentulo **TV**a p. lentuli *πφ secl. Ha.* || 5 erat illud **T** || 7 autem *om.* **T** || 9 non *om.* **V** | probabitis **T**πa || 12 quod ... 14 doleas *Schol.* | tribunos *Schol.* || 13 nemini **TV** *Schol.* re ... aφ vere π nec ... c neque hoc k || 14 eius modi facis **T**ω || 15 mea (*pro* ea) **V** || 19 communi salute c | etquem *Ω corr. ed. Crat.* || 21 sceleratam **V** | omni **T** *om.* **V** || 23 nostri (*pro* vestri) **T** | qui ... 24 imperium *Schol.* || 24 ceteris **T**ω || 25 iis k his *Ω* || 26 attende iam ω || 28 adestote aφ | animisque omnes **V** | adestis] corpore *add.* p *mg.* corporibus *add. Σ mg.* b²k || 30 ergo (*pro* ego) **V** | perditor **T** || 31 fluctuosissimum **V**, *sed* f *ut vid. deletum*

10

exitium patriae comparasset, cumque ad occasum interitumque rei
publicae Catilina in castris, in his autem templis atque tectis dux Lentulus esset constitutus, meis consiliis, meis laboribus, mei capitis periculis sine tumultu, sine dilectu, sine armis, sine exercitu quinque hominibus comprehensis atque confessis incensione urbem, internicione cives,
vastitate Italiam, interitu rem publicam liberavi; ego vitam omnium civium, statum orbis terrae, urbem hanc denique, sedem omnium nostrum,
arcem regum ac nationum exterarum, lumen gentium, domicilium imperii quinque hominum amentium ac perditorum poena redemi. an me 34
existimasti haec iniuratum in iudicio non esse dicturum, quae iuratus
in maxima contione dixissem? atque etiam illud addam, ne qui forte 12
incipiat inprobus subito te amare, Torquate, et aliquid sperare de te,
atque ut idem omnes exaudiant, clarissima voce dicam: harum rerum
omnium, quas ego in consulatu pro salute rei publicae suscepi atque gessi,
L. ille Torquatus, cum esset meus contubernalis in consulatu atque etiam
in praetura fuisset, auctor, adiutor, particeps extitit, cum princeps,
cum auctor, cum signifer esset iuventutis; parens vero eius homo aman-
tissimus patriae, maximi animi, summi consilii, singularis constantiae,
cum esset aeger, tamen omnibus rebus illis interfuit, nusquam est a me
digressus, studio, consilio, auctoritate unus adiuvit plurimum, cum in-
firmitatem corporis animi virtute superaret. videsne, ut eripiam te ex 35
improborum subita gratia et reconciliem bonis omnibus? qui te et dili-
gunt et retinent retinebuntque semper nec, si forte a me desciveris, idcirco te a se et a re publica et a tua dignitate deficere patientur. sed iam
redeo ad causam atque hoc vos, iudices, testor: mihi de memet ipso tam
multa dicendi necessitas quaedam imposita est ab illo. nam si Torquatus
Sullam solum accusasset, ego quoque hoc tempore nihil aliud agerem,
nisi eum, qui accusatus esset, defenderem; sed cum ille tota illa oratione
in me esset invectus et cum, ut initio dixi, defensionem meam spoliare
auctoritate voluisset, etiamsi me meus dolor respondere non cogeret,
tamen ipsa causa hanc a me orationem flagitavisset.

TVω] **1** cum **T**ω ‖ **2** ac **V** ‖ **4** delectu **Ta**φ ‖ **5** confossis φ ‖ **6** rep interitu **T** ‖
11 atque . . . **12** torquate *Schol.* | enim (*pro* etiam) **V** ‖ **13.14** omnium rerum **T**ω ‖
14 salute reip **TV** salute **ac** salute communi **pbk** communi salute *Σ* | atque] et ω ‖
15 ille (*pro* meus) **T** | *post* in consulatu *add.* cum signifer esset iuventutis ω, *verba*
pro salute . . . in consulatu *repetit* **T**, *atque hoc loco est* meus, *non* ille *ut superiore* ‖
17 tum auctor **V** | esse **T** | vero *om.* **T**ω | amo (*pro* homo) **T** ‖ **19** nunquam ω ‖
20 adimit (*pro* adiuvit) **V** ‖ **21** virtute animi **V** ‖ **22** et (*ante* revonciliem) *om.* **V** ‖
23 a me forte **Ta**φ ‖ **24** tua φ sua **TV**πab[1] ‖ **26** est *om.* **V** ‖ **28** ni (*pro* nisi) **T** |
illa ratione (*ut v. 31 et p. 15, 13*) **T** oratione illa **V** ‖ **29** initio ut ω ‖ **30** auctoritate
spoliare ω | me meus dolor **V** dolor meus **T**ω dolor me meus *Or.* ‖ **31** rationem **T**
(*ut v. 28 et p. 15, 13*)

13
36 Ab Allobrogibus nominatum Sullam esse dicis. quis negat? sed lege indicium et vide, quem ad modum nominatus sit. L. Cassium dixerunt commemorasse cum ceteris Autronium secum facere. quaero, num Sullam dixerit Cassius. nusquam. sese aiunt quaesisse de Cassio, quid Sulla sentiret. videte diligentiam Gallorum; qui vitam hominum naturamque non nossent ac tantum audissent eos pari calamitate esse, quaesiverunt, essentne eadem voluntate. quid tum Cassius? si respondisset idem sentire et secum facere Sullam, tamen mihi non videretur in hunc id criminosum esse debere. quid ita? quia, qui barbaros homines ad bellum impelleret, non debebat minuere illorum suspicionem et purgare eos, de

37 quibus illi aliquid suspicari viderentur. non respondit tamen una facere Sullam. etenim esset absurdum, cum ceteros sua sponte nominasset, mentionem facere Sullae nullam nisi admonitum et interrogatum; nisi forte veri simile est P. Sullae nomen in memoria Cassio non fuisse. si nobilitas hominis, si adflicta fortuna, si reliquiae pristinae dignitatis non tam illustres fuissent, tamen Autroni commemoratio memoriam Sullae rettulisset; etiam, ut arbitror, cum auctoritates principum coniurationis ad incitandos animos Allobrogum colligeret Cassius et cum sciret exteras nationes maxime nobilitate moveri, non prius Autronium quam Sullam

38 nominavisset. iam vero illud minime probari potest Gallos Autronio nominato putasse propter calamitatis similitudinem sibi aliquid de Sulla esse quaerendum, Cassio, si hic esset in eodem scelere, ne cum appellasset quidem Autronium, huius in mentem venire potuisse. sed tamen quid respondit de Sulla Cassius? se nescire certum. 'non purgat' inquit. dixi antea: ne si argueret quidem tum denique, cum esset interrogatus, id mihi criminosum videretur. sed ego in iudiciis et in quaestionibus non

39 hoc quaerendum arbitror, num purgetur aliqui, sed num arguatur. etenim cum se negat scire Cassius, utrum sublevat Sullam an satis probat se nescire? 'sublevat apud Gallos.' quid ita? 'ne indicent.' quid? si periculum esse putasset, ne illi umquam indicarent, de se ipso confessus esset? 'nesciit videlicet.' credo celatum esse Cassium de Sulla uno;

TVω] **1** ab . . . **2** sit *Schol.* | ab *om.* **Tω** | sed lege **TEV** *Schol.* sullae **ω** ‖ **2** iudicium **Vπφ** (*exc.* c) ‖ **6** audivissent **V** | esse quaesiverunt (quaesierunt **T**) essentne eadem **TEVπ** qui fuerant (-unt **a**) esse (-ent **a**) in eodem **aφ** ‖ **7** si . . . **8** sullam *Schol.* | si *om.* **T** ‖ **9** barbaris **V** ‖ **10** pugnare (*pro* purgare) **T** ‖ **11** suspicari viderentur **TEV** suspicarentur **ω** ‖ **13** sullae *om.* **ω**, *ante* facere *add.* **T**, *in mg.* **Σ** ‖ **13.14** nisi forte . . . fuisse *Schol.* ‖ **15** afflicta **Vb¹c²kp** *mg.* afflata *cett.* | reliqua **T** ‖ **20** nominasset **ω** | probari minime **Tω** ‖ **24** responderit **T** ‖ **26** mihi *om.* **V** | sed . . . **27** arguatur *Schol.* | *alterum* in *om.* **ω** in quaestionibus et indiciis *Schol.* ‖ **27** aliqui sed *Schol.* aliquis et (sed **ck**) **Ω** ‖ **28** negat se **aφ** ‖ **29.30** quod si **TV** ‖ **30** vindicarent **V** | se *om.* **V** | ipse **T** ‖ **31** nescit **T** | videlicet] iudices **φ** *om.* **V**

nam de ceteris certe sciebat; etenim domi eius pleraque conflata esse
constabat. qui negare noluit esse in eo numero Sullam, quo plus spei
Gallis daret, dicere autem falsum non ausus est, nescire dixit. atqui
hoc perspicuum est, cum is, qui de omnibus scierit, de Sulla se scire nega-
5 rit, eandem esse vim negationis huius, quam si extra coniurationem hunc
esse se scire dixisset. nam cuius scientiam de omnibus constat fuisse,
eius ignoratio de aliquo purgatio debet videri. sed iam non quaero purgetne Cassius Sullam; illud mihi tantum satis est contra Sullam nihil
esse in indicio.

10 Exclusus hac criminatione Torquatus rursus in me inruit, me accu- **14**
40
sat; ait me aliter, ac dictum sit, in tabulas publicas rettulisse. o di inmortales! — vobis enim tribuam, quae vestra sunt, nec vero possum meo tantum ingenio dare, ut tot res tantas, tam varias, tam repentinas in illa
turbulentissima tempestate rei publicae mea sponte dispexerim – vos pro-
15 fecto animum meum tum conservandae patriae cupiditate incendistis, vos
me ab omnibus ceteris cogitationibus ad unam salutem rei publicae convertistis, vos denique in tantis tenebris erroris et inscientiae clarissimum
lumen menti meae praetulistis. vidi ego hoc, iudices, nisi recenti memoria 41
senatus auctoritatem huius indicii monumentis publicis testatus essem,
20 fore, ut aliquando non Torquatus neque Torquati quispiam similis –
nam id me multum fefellit –, sed ut aliquis patrimonii naufragus, inimicus otii, bonorum hostis aliter indicata haec esse diceret, quo facilius
vento aliquo in optimum quemque excitato posset in malis rei publicae
portum aliquem suorum malorum invenire. itaque introductis in senatum
25 indicibus constitui senatores, qui omnia indicum dicta, interrogata,
responsa perscriberent. at quos viros! non solum summa virtute et fide – 42
cuius generis erat in senatu facultas maxima –, sed etiam quos sciebam
memoria, scientia, consuetudine et celeritate scribendi facillime, quae
dicerentur, persequi posse, C. Cosconium, qui tum erat praetor, M. Messa-
30 lam, qui tum praeturam petebat, P. Nigidium, App. Claudium. credo esse

TVω] **1** etenim] et ea φ ‖ **2** voluit **T** ‖ **3** est se nescire π *Helmstad. 304* | at-
que **TV**π **ab**[1] ‖ **5** esse vim **Vc** vim esse **T**ω ‖ **7** non *om.* **T** | quaero quid purgetne **V**
fort. leg. quaero id purgetne ‖ **9** iudicio ω ‖ **10** exclusus . . . **11** inmortales *Schol.* ‖
11 sit **TV** *Schol.* est ω | dii **T** *Schol.* ‖ **12** tribuo **T** ‖ **14** potestate (*pro* tempestate) **V** |
dispexerim **a**Σ**b**[2]**k** despexerim *cett.* ‖ **16** convertistis **TV** contulistis ω ‖ **18** prae-
tulistis menti meae ω | iudices $\pi\varphi$ vidi **Ta** *om.* **V** ‖ **19** iudiciis **V** ‖ **21** patrimo-
nio ω ‖ **22** iudicata **V**$\pi\varphi$ ‖ **24** aliquem suorum malorum (maiorum **TV**) **TVc** suo-
rum malorum aliquem *cett.* ‖ **25** iudicibus **V** | institui (*sic*) . . . **29** posse *Schol.* |
iudicum *Schol.* ‖ **26** ad **TV** *Schol.* | virtute et *om. Schol.* ‖ **27** cuius . . . maxima *om.*
Schol. | erat *om.* **a**φ ‖ **28** memoria *om.* **V** | consuetudine et *om. Schol.*

neminem, qui his hominibus ad vere referendum aut fidem putet aut
15 ingenium defuisse. quid? deinde quid feci? cum scirem ita esse indicium
relatum in tabulas publicas, ut illae tabulae privata tamen custodia more
maiorum continerentur, non occultavi, non continui domi, sed statim
describi ab omnibus librariis, dividi passim et pervulgari atque edi po- 5
pulo Romano imperavi. divisi toti Italiae, emisi in omnes provincias;
eius indicii, ex quo oblata salus esset omnibus, expertem esse neminem
43 volui. itaque dico locum in orbe terrarum esse nullum, quo in loco populi Romani nomen sit, quin eodem perscriptum hoc indicium perve-
nerit. in quo ego tam subito et exiguo et turbido tempore multa divinitus, 10
ita ut dixi, non mea sponte providi, primum ne qui posset tantum aut de
rei publicae aut de alicuius periculo meminisse, quantum vellet; deinde
ne cui liceret umquam reprehendere illud indicium aut temere creditum
criminari; postremo ne quid iam a me, ne quid ex meis commentariis
quaereretur, ne aut oblivio mea aut memoria nimia videretur, ne denique 15
44 aut neglegentia turpis aut diligentia crudelis putaretur. sed tamen abs
te, Torquate, quaero: cum indicatus tuus inimicus esset et esset eius
rei frequens senatus et recens memoria testis, tibi meo familiari et con-
tubernali prius etiam edituri indicium fuerint scribae mei, si voluisses,
quam in codicem rettulissent: cum videres aliter referri, cur tacuisti, 20
passus es, non mecum aut cum familiari meo questus es aut, quoniam
tam facile inveheris in amicos, iracundius aut vehementius expostulasti?
tu, cum tua vox numquam sit audita, cum indicio lecto, descripto, di-
vulgato quieveris, tacueris, repente tantam rem ementiare et in eum locum te deducas, ut, ante quam me commutati indicii coargueris, te sum- 25
mae neglegentiae tuo iudicio convictum esse fateare?

16
45 Mihi cuiusquam salus tanti fuisset, ut meam neglegerem? per me ego
veritatem patefactam contaminarem aliquo mendacio? quemquam denique ego iuvarem, a quo et tam crudelis insidias rei publicae factas et me
potissimum consule constitutas putarem? quodsi iam essem oblitus 30

TV (*usque ad v. 12* meminisse) **ω**] **1** hominibus **TEV**π omnibus **a**φ | ad vere
referendum **TEV** aut vere referendis **a**φ ‖ **2** esse *om.* **ω** | iudicium **V** ‖ **3** relatum
om. φ | pravata **T** | cum (*pro* tamen) **V** | more *om.* **T** ‖ **4.5** describi statim ab om-
nibus π**ck** descr. ab omn. st. **a**φ ‖ **6** emisi **E** divisi **V a**φ dimisi **T**π ‖ **7** ex **T** et **V**
e ω | salus oblata ω ‖ **10** tam **ck** tum *cett.* ‖ **11** qui **T** ‖ **11.12** de rep **T** ‖ **15** vide-
retur nimia ω ‖ **17** esset inimicus **T** ‖ **18** tibique *Meerdervoort* ⟨et⟩ tibi *Ha.* ‖
20 ⟨cur⟩ cum *Nohl Cl.* | referri *Or.* ferri **T** fieri ω | cur π**b**¹**c**²**k** *om. cett.* cur *add.* Σ
mg. ‖ **21** aut ⟨ut⟩ cum familiarissimo *coni. Cl.* ‖ **22** et (*pro* aut) π ‖ **24** ementiare **T**
enuntiare ω, *add.* audeas **b c**²**k** Σ *mg.* ‖ **26** indicio **ck** | convinctum **T** ‖ **29** et tam
Gar. etiam **Ta** et π φ | reip **T**π in rem publicam **a**φ ‖ **30** consulem π φ | consti-
tutas **E** *om.* **Tω**

14

severitatis et constantiae meae, tamne amens eram, ut, cum litterae pos-
teritatis causa repertae sint, quae subsidio oblivioni esse possent, ego
recentem putarem memoriam cuncti senatus commentario meo posse
superari? fero ego te, Torquate, iam dudum, fero et nonnumquam ani- 46
5 mum incitatum ad ulciscendam orationem tuam revoco ipse et reflecto,
permitto aliquid iracundiae tuae, do adulescentiae, cedo amicitiae, tribuo parenti. sed nisi tibi aliquem modum tute constitueris, coges me obli-
tum nostrae amicitiae habere rationem meae dignitatis. nemo umquam
me tenuissima suspicione perstrinxit, quem non perverterim ac perfre-
10 gerim. sed mihi hoc credas velim: non iis libentissime soleo respondere,
quos mihi videor facillime posse superare. tu quoniam minime ignoras con- 47
suetudinem dicendi meam, noli hac lenitate nova abuti mea, noli aculeos
orationis meae, qui reconditi sunt, excussos arbitrari, noli id omnino a
me putare esse amissum, si quid est tibi remissum atque concessum. cum
15 illae valent apud me excusationes iniuriae tuae, iratus animus tuus, aetas,
amicitia nostra, tum nondum statuo te virium satis habere, ut ego tecum
luctari et congredi debeam. quodsi esses usu atque aetate robustior, essem
idem, qui soleo, cum sum lacessitus; nunc tecum sic agam, tulisse ut potius iniuriam quam rettulisse gratiam videar. neque vero quid mihi irascare, 17
48
20 intellegere possum. si, quod eum defendo, quem tu accusas, cur tibi ego
non suscenseo, quod accusas eum, quem ego defendo? 'inimicum ego'
inquis 'accuso meum.' et amicum ego defendo meum. 'non debes tu
quemquam in coniurationis quaestione defendere.' immo nemo magis
eum, de quo nihil est umquam suspicatus, quam is, qui de aliis multa
25 cogitavit. 'cur dixisti testimonium in alios?' quia coactus sum. 'cur damnati sunt?' quia creditum est. 'regnum est dicere, in quem velis, et defendere, quem velis.' immo servitus est non dicere, in quem velis, et non
defendere, quem velis. ac si considerare coeperis, utrum magis mihi hoc
necesse fuerit facere an istud tibi, intelleges honestius te inimicitiarum
30 modum statuere potuisse quam me humanitatis. at vero cum honos age- 49
batur familiae vestrae amplissimus, hoc est consulatus parentis tui,

Tω] **2** possint **π**c**k** ‖ **4** fero . . . fero *Iul. Rufin. (RL 42, 4)* ‖ **7** tute **TEπ** vitae
aφ | me oblitum **πk** oblitum me **aφ** me **T** ‖ **9** perstrinxerit **T** | praeverterim **E**
perculerim **π** | ac perfregerim **Eπ** aut perfregerim **T** *om.* **aφ** ‖ **12** nova lenitate **ω** ‖
13 rationis **T**, *ut p. 11, 28 et 31* ‖ **13.14** putare omnino a me **ω** ‖ **14** amissum **TEπ**a
om. **φ** ‖ **15** ille **T** ‖ **17** usu *om.* **T** ‖ **20** ego **T** quoque ipse **ω** ‖ **21** quod **Tπ** qui **aφ** |
accuses **Σpk** ‖ **21** *prius* ego *om.* **ω** ‖ **22** inimicum (*pro* amicum) **T** | tu **Tπ** tamen **aφ** ‖
23 in *om.* **Tπ**a**c** ‖ **24** est umquam **E** umquam est **T** est **ω** ‖ **25** cogitavit] cognovit
ac[1] *Lb.* | sum *om.* **Taφ** ‖ **26** et] ac **ω** ‖ **27** et non **π** nec **k** et **Taφ** ‖ **29** istud **TEπ**
om. **aφ** ‖ **30** at *cod. Salisb. 34 Lb.* aut **T** an **ω** ‖ **31** amplissimus familiae vestrae **ω**

sapientissimus vir familiarissimis suis non suscensuit pater tuus, cum
Sullam et defenderent et laudarent; intellegebat hanc nobis a maioribus
esse traditam disciplinam, ut nullius amicitia ad pericula propulsanda
impediremur. at erat huic iudicio longe dissimilis illa contentio. tum ad-
flicto P. Sulla consulatus vobis pariebatur, sicuti partus est; honoris erat ₅
certamen; ereptum repetere vos clamitabatis, ut victi in campo in foro
vinceretis; tum, qui contra vos pro huius salute pugnabant, amicissimi
vestri, quibus non irascebamini, consulatum vobis eripiebant, honori
vestro repugnabant et tamen id inviolata vestra amicitia, integro offi-
18
50 cio, vetere exemplo atque instituto optimi cuiusque faciebant. ego vero ₁₀
quibus ornamentis adversor tuis aut cui dignitati vestrae repugno? quid
est, quod iam ab hoc expetas? honos ad patrem, insignia honoris ad te
delata sunt. tu ornatus exuviis huius venis ad eum lacerandum, quem
interemisti, ego iacentem et spoliatum defendo et protego. atque hic tu
et reprehendis me, quia defendam, et irasceris; ego autem non modo ₁₅
tibi non irascor, sed ne reprehendo quidem factum tuum. te enim ex-
istimo tibi statuisse, quid faciendum putares, et satis idoneum officii tui
iudicem posuisse.

51 At accusat ⟨C.⟩ Corneli filius, et id aeque valere debet, ac si pater indi-
caret. o patrem Cornelium sapientem, qui, quod praemii solet esse in ₂₀
indicio, reliquerit, quod turpitudinis in confessione, id per accusationem
filii susceperit! sed quid est tandem, quod indicat per istum puerum
Cornelius? si vetera mihi ignota cum Hortensio communicata, respondit
Hortensius; sin, ut ais, illum conatum Autroni et Catilinae, cum in campo
consularibus comitiis, quae a me habita sunt, caedem facere voluerunt, ₂₅
Autronium tum in campo vidimus – sed quid dixi vidisse nos? ego vidi;
vos enim tum, iudices, nihil laborabatis neque suspicabamini, ego tectus
praesidio firmo amicorum Catilinae tum et Autroni copias et conatum re-
52 pressi. num quis est igitur, qui tum dicat in campum aspirasse Sullam? atqui si tum se cum Catilina societate sceleris coniunxerat, cur ab eo discede- ₃₀
bat, cur cum Autronio non erat, cur in pari causa non paria signa criminis
reperiuntur? sed quoniam Cornelius ipse etiam nunc de indicando dubitat,

Tω] **2** hanc] enim **π** ‖ **3** propuls. pericula **ω** ‖ **4** at erat *Ha.* aderat **Ta** et erat **φ**
erat **π** ‖ **8** *post* non **T** *add. litteram* g ‖ **10** veteri **πφ** ‖ **12** honor **ω** ‖ **13** exuviis **TE**
eximiis **π** et uiuus **a** erumnis **φ** eripuis **p** | huius **E** *om.* **Tω** ‖ **16** ne **T** neque **ω** ‖
17 tui **TE** *om.* **ω** ‖ **18** posuisse **Eω** potuisse **T** ipsum esse *Mdv.* ⟨esse⟩ potuisse
Ha. ‖ **19** ⟨C.⟩ *add. ed. V.* | et id aeque **Tπ** et idemque a idemque **φ** ‖ **21** indicio
Tc iudicio **ω** | id **T** ‖ **22** indicet **Tπa** ‖ **23** si vetera **T** suescã a si est causa **φ** sin
ea **π** | respondet **aφ** -deat **π** ‖ **24** conatum **T** comitatum **ω** ‖ **26** sed *Mdv.* et **Ω** ‖
28 tunc et **φ** tum **T** ‖ **30** secum **Tπa** | catilinam **T** ‖ **31** in] ire **T**

et ut dicitis, informat ad hoc adumbratum indicium filium, quid tandem
de illa nocte dicit, cum inter falcarios ad M. Laecam nocte ea, quae
consecuta est posterum diem nonarum Novembrium me consule, Catilinae
denuntiatione convenit? quae nox omnium temporum coniurationis
5 acerrima fuit atque acerbissima. tum Catilinae dies exeundi, tum ceteris
manendi condicio, tum discriptio totam per urbem caedis atque incen-
diorum constituta est; tum tuus pater, Corneli, id quod tandem aliquando confitetur, illam sibi officiosam provinciam depoposcit, ut, cum
prima luce consulem salutatum veniret, intromissus et meo more et
10 iure amicitiae me in meo lectulo trucidaret. hoc tempore cum arderet **19**
acerrime coniuratio, cum Catilina egrederetur ad exercitum, Lentulus 53
in urbe relinqueretur, Cassius incendiis, Cethegus caedi praeponeretur,
Autronio, ut occuparet Etruriam, praescriberetur, cum omnia ordina-
rentur, instruerentur, pararentur, ubi fuit Sulla, Corneli? num Romae?
15 immo longe afuit. num in iis regionibus, quo se Catilina inferebat? multo
etiam longius. num in agro Camerti, Piceno, Gallico, quas in oras maxime quasi morbus quidam illius furoris pervaserat? nihil vero minus. fuit
enim, ut iam ante dixi, Neapoli, fuit in ea parte Italiae, quae maxime
ista suspicione caruit. quid ergo indicat aut quid adfert aut ipse Corne- 54
20 lius aut vos, qui haec ab illo mandata defertis? gladiatores emptos esse
Fausti simulatione ad caedem ac tumultum. ita prorsus; interpositi sunt
gladiatores, quos testamento patris deberi videmus. ʻadrepta est familia;
quae si esset praetermissa, posset alia familia Fausti munus praebere.ʼ
utinam quidem haec ipsa non modo iniquorum invidiae, sed aequorum
25 exspectationi satis facere posset! ʻproperatum vehementer est, cum longe
tempus muneris abesset.ʼ quasi vero tempus dandi muneris non valde ap-
propinquaret. ʻnec opinante Fausto, cum is neque sciret neque vellet, familia est comparata.ʼ at litterae sunt Fausti, per quas ille precibus a 55
P. Sulla petit, ut emat gladiatores et ut hos ipsos emat, neque solum ad
30 Sullam missae, sed ad L. Caesarem, Q. Pompeium, C. Memmium, quorum de sententia tota res gesta est. ʻat praefuit familiae Cornelius ⟨liber-
tus⟩.ʼ iam si in paranda familia nulla suspicio est, quis praefuerit, nihil ad

Tω] **1** et *om.* **Ta**φ | filii ω ‖ **2** de *om.* **T** ‖ **3** nonas novembris **bc** ‖ **6** descrip-
tio **Ω** *corr. Buech.* ‖ **7** tum **Tπab** tunc φ ‖ **8** cum] eum **T** ‖ **9** et *prius om.* **π** ‖
10 lecto **a**φ ‖ **13** ornarentur *Landgr.* ‖ **14** instituerentur **a**φ ‖ **15** affuit **Ta** abfuit
πφ *corr. Ha.* | in *om.* **T** | *i*is **Tk** his ω | regionibus **Tc**¹ legionibus ω ‖ **16** in *om.*
πφ ‖ **19** ista **T** ea ω ‖ **20** haec ab illo **T** ab eo haec **π**φ ab eo **a** ‖ **22** deberi videmus **Tπapk** videmus deberi **bc** deberi debemus **Σ** ‖ **23** minus (*pro* munus) **T** ‖
24 invidia esset **Ω** *corr. Lb.* ‖ **25** properat **b²** praeparant **a**φ | est *om.* ω ‖ **31** Cor-
nelius *secl. Man.* | libertus eius *add. Cl.*; *notam* L. *excidisse iam vidit Or.* ‖ **32** quis
Ta quod **π**φ | praefuit **b²ck** profert **πaΣpb**¹

rem pertinet; sed tamen munere servili obtulit se ad ferramenta prospicienda, praefuit vero numquam, eaque res omni tempore per Bellum Fausti libertum administrata est.

20
56
At enim Sittius est ab hoc in ulteriorem Hispaniam missus, ut eam provinciam perturbaret. primum Sittius, iudices, L. Iulio C. Figulo consulibus profectus est aliquanto ante furorem Catilinae et suspicionem huius coniurationis; deinde est profectus non tum primum, sed cum in isdem locis aliquanto ante eadem de causa aliquot annos fuisset, ac profectus est non modo ob causam, sed etiam ob necessariam causam magna ratione cum Mauretaniae rege contracta. tum autem illo profecto Sulla procurante eius rem et gerente plurimis et pulcherrimis P. Sitti praediis venditis aes alienum eiusdem ⟨est⟩ dissolutum, ut, quae causa ceteros ad facinus impulit, cupiditas retinendae possessionis, ea Sittio non

57 fuerit praediis deminutis. iam vero illud quam incredibile, quam absurdum, qui Romae caedem facere, qui hanc urbem inflammare vellet, eum familiarissimum suum dimittere ab se et amandare in ultimas terras! utrum quo facilius Romae ea, quae conabatur, efficeret, si in Hispania turbatum esset? at haec ipsa per se sine ulla coniunctione agebantur. an in tantis rebus, tam novis consiliis, tam periculosis, tam turbulentis hominem amantissimum sui, familiarissimum, coniunctissimum officiis, consuetudine, usu dimittendum esse arbitrabatur? veri simile non est, ut, quem in secundis rebus, quem in otio secum semper habuisset, hunc

58 in adversis et in eo tumultu, quem ipse comparabat, ab se dimitteret. ipse autem Sittius – non enim mihi deserenda est causa amici veteris atque hospitis – is homo est aut ea familia ac disciplina, ut hoc credi possit eum bellum populo Romano facere voluisse? ut, cuius pater, cum ceteri deficerent finitimi ac vicini, singulari extiterit in rem publicam nostram officio et fide, is sibi nefarium bellum contra patriam suscipiendum putaret? cuius aes alienum videmus, iudices, non libidine, sed negotii gerendi studio esse contractum, qui ita Romae debuit, ut in provinciis et in regnis ei maximae pecuniae deberentur; quas cum peteret, non commisit, ut sui procuratores quicquam oneris absente se sustinerent; venire omnis suas possessiones et patrimonio. se ornatissimo spoliari maluit

---

T*ω*] **1** servili *Ω* Servili *Lag. 9 Mdv.*; „*melius esset* Servi (*i. e. Servi Sullae, cf.* § 6)" *Cl.* ‖ **2.3** res per bellum fausti libertum omni tempore *ω* | balbum (*pro* bellum) **E** ‖ **4** sittius *sive* siccius *sive* sicius **TE***π***ab**[1] cincius *φ* ‖ **6** ante] autem **T** ‖ **7** cum] eum **T** ‖ **9** etiam ob **Tb k** etiam *cett.* ‖ **12** est *add. Ang.* ‖ **16** mandare *ω* ‖ **17** utrum **T***π***a** visum *φ* ‖ **17.18** hispaniam turb. isset *Σ* ‖ **18** ad **T** ‖ **21** arbitratur **a** arbitraretur **T***φ* ‖ **22** semper secum habuisset **T** semper habuisset secum **a** ‖ **24** deseranda **T** ‖ **26** populo r. **T** r. p. **a** reip *πφ* ‖ **31** maxime ei *ω* ‖ **33** positiones (*pro* possessiones) **T**

quam ullam moram cuiquam fieri creditorum suorum. a quo quidem
genere, iudices, ego numquam timui, cum in illa rei publicae tempestate
versarer. illud erat hominum genus horribile et pertimescendum, qui
tanto amore suas possessiones amplexi tenebant, ut ab iis membra citius
5 divelli ac distrahi posse diceres. Sittius numquam sibi cognationem cum
praediis esse existimavit suis. itaque se non modo ex suspicione tanti
sceleris, verum etiam ex omni hominum sermone non armis, sed patrimonio suo vindicavit.

Iam vero quod obiecit Pompeianos esse a Sulla impulsos, ut ad istam **21**
10 coniurationem atque ad hoc nefarium facinus accederent, id cuius modi 60
sit, intellegere non possum. an tibi Pompeiani coniurasse videntur ? quis
hoc dixit umquam, aut quae fuit istius rei vel minima suspicio ? ‘diiunxit’
inquit ‘eos a colonis, ut hoc discidio ac dissensione facta oppidum in
sua potestate posset per Pompeianos habere.’ primum omnis Pompeiano-
15 rum colonorumque dissensio delata ad patronos est, cum iam inveterasset
ac multos annos esset agitata; deinde ita a patronis res cognita est, ut
nulla in re a ceterorum sententiis Sulla dissenserit; postremo coloni ipsi
sic intellegunt non Pompeianos a Sulla magis quam sese esse defensos.
atque hoc, iudices, ex hac frequentia colonorum, honestissimorum ho- 61
20 minum, intellegere potestis, qui adsunt, laborant, hunc patronum, defen-
sorem, custodem illius coloniae si in omni fortuna atque omni honore
incolumem habere non potuerunt, in hoc tamen casu, in quo afflictus
iacet, per vos iuvari conservarique cupiunt. adsunt pari studio Pompeiani, qui ab istis etiam in crimen vocantur; qui ita de ambulatione ac de
25 suffragiis suis cum colonis dissenserunt, ut idem de communi salute sen-
tirent. ac ne haec quidem P. Sullae mihi videtur silentio praetereunda 62
esse virtus, quod, cum ab hoc illa colonia deducta sit et cum commoda
colonorum a fortunis Pompeianorum rei publicae fortuna diiunxerit, ita
carus utrisque est atque iucundus, ut non alteros demovisse, sed utros-
30 que constituisse videatur.

At enim et gladiatores et omnis ista vis rogationis Caeciliae causa com- **22**
parabatur. atque hoc loco in L. Caecilium, pudentissimum atque orna-
tissimum virum, vehementer invectus est. cuius ego de virtute et con-

---

Tω] 1 hereditorum (*pro* creditorum) **T** ‖ 3 genus hominum **ω** ‖ 4 iis **k** his **Ω** ‖
4.5 divelli citius **ω** ‖ 9 obicit (sub- **b¹ck**) **φ** | ac **k** et **φ** ‖ 12 umquam dixit **aφ** |
disiunxit **ω** ‖ 14 per **T** et **ω** ‖ 16 exagitata **π** excogitata **aφ** ‖ 18 pompeiano **T** ‖
21 atque in omni **bck** ‖ 22 in (*alt.*) *om.* **aφ** | quo *om.* **a** ‖ 23 tutari (*pro* iuvari) **ω** ‖
24 istis *R. Kl.* his **T** illis **ω** | et (*pro* ac) **ω** ‖ 27 coloniae **T** ‖ 28 diiuxerit (*fort.*
diuixerit) **T** disiunxerit **E** diviserit **ω** ‖ 29 est *om.* **Tc¹** ‖ 31 Caeliae **T** ‖ 32 hoc in
loco **π** | prudentissimum **πφ**

stantia, iudices, tantum dico talem hunc in ista rogatione, quam promul-
garat non de tollenda, sed de levanda .calamitate fratris sui, fuisse, ut
consulere voluerit fratri, cum re publica pugnare noluerit, promulgarit
63 inpulsus amore fraterno, destiterit fratris auctoritate deductus. atque
in ea re per L. Caecilium Sulla accusatur, in qua re est uterque laudandus. 5
primum Caecilius; qui id promulgavit, in quo res iudicatas videbatur
voluisse rescindere, ut restitueretur Sulla; recte reprehendis; status enim
rei publicae maxime iudicatis rebus continetur; neque ego tantum fraterno amori dandum arbitror, ut quisquam, dum saluti suorum consulat,
communem relinquat. ⟨at⟩ nihil de iudicio ferebat, sed poenam ambitus 10
eam referebat, quae fuerat nuper superioribus legibus constituta. itaque
hac rogatione non iudicum sententia, sed legis vitium corrigebatur. nemo
iudicium reprehendit, cum de poena queritur, sed legem. damnatio est
64 enim iudicum, quae manebat, poena legis, quae levabatur. noli igitur
animos eorum ordinum, qui praesunt iudiciis summa cum gravitate 15
et dignitate, alienare a causa. nemo labefactare iudicium est conatus,
nihil est eius modi promulgatum, semper Caecilius in calamitate fratris
sui iudicum potestatem perpetuandam, legis acerbitatem mitigandam
23 putavit. sed quid ego de hoc plura disputem ? dicerem fortasse et facile
et libenter dicerem, si paulo etiam longius, quam finis cotidiani officii 20
postulat, L. Caecilium pietas et fraternus amor propulisset, implorarem
sensus vestros, unius cuiusque indulgentiam in suos testarer, peterem
veniam errato L. Caecili ex intimis vestris cogitationibus atque ex huma-
65 nitate communi. lex dies fuit proposita paucos, ferri coepta numquam,
deposita est in senatu. kalendis Ianuariis cum in Capitolium nos senatum 25
convocassemus, nihil est actum prius et id mandatu Sullae Q. Metellus
praetor se loqui dixit Sullam illam rogationem de se nolle ferri. ex illo
tempore L. Caecilius egit de re publica multa; agrariae legi, quae tota
a me reprehensa et abiecta est, se intercessorem fore professus est, improbis largitionibus restitit, senatus auctoritatem numquam impedivit, 30
ita se gessit in tribunatu, ut onere deposito domestici officii nihil postea

Tω]. 3 consulere Tπk consulem a consul esse φ ‖ 6 qui si id *Ha.* -quid? 'id . . .
7 Sulla' *Cl.* | promulgarit (-ret ck) πφ promulgare a | videatur *Gar. Ha.* ‖ 7 sti-
tueretur T statueretur ω *corr. Pant.* | reprehendendus a¹ reprehendit φ ‖ 9 amori
neque dandum T ‖ 9 quicquam b¹ quisque aφ | dum saluti T de salute ω ‖ 10 at
add. Or. | de *om.* ω ‖ 11 ferebat ω | fecerat (*pro* fuerat) T ‖ 12 sententiam πφ |
corrigebat ω ‖ 13.14 enim est ω ‖ 18 iudicium T | perpetiundam T ‖ 19 dicem T ‖
21 postulat pietas . . . amor l. caecilium ω | propulisset TEπ protulisset aφ ‖
22 unicuiusque T ‖ 23 errato veniam aφ ‖ 25 deposita E posita Ω | kal. ian. Tπ
r. lateri aφ r. p. latuit ck ‖ 26 mandato ω ‖ 27 p. r. (*pro* praetor) T ‖ 28 de re
publica egit ω ‖ 29 se *om.* aφ | professus Tπ perpessus aφ

nisi de rei publicae commodis cogitarit. atque in ipsa rogatione ne per 66
vim quid ageretur, quis tum nostrum Sullam aut Caecilium verebatur ?
nonne omnis ille terror, omnis seditionis timor atque opinio ex Autroni
improbitate pendebat ? eius voces, eius minae ferebantur, eius aspectus,
5 concursatio, stipatio, greges hominum perditorum metum nobis sedi-
tionesque adferebant. itaque P. Sulla hoc importunissimo cum honoris
tum etiam calamitatis socio atque comite et secundas fortunas amittere
coactus est et in adversis sine ullo remedio atque adlevamento permanere. 24
Hic tu epistulam meam saepe recitas, quam ego ad Cn. Pompeium de 67
10 meis rebus gestis et de summa re publica misi, et ex ea crimen aliquod
in P. Sullam quaeris, et si furorem incredibilem biennio ante conceptum
erupisse in meo consulatu scripsi, me hoc demonstrasse dicis Sullam in
illa fuisse superiore coniuratione. scilicet ego is sum, qui existimem Cn.
Pisonem et Catilinam et Vargunteium et Autronium nihil scelerate,
15 nihil audacter ipsos per sese sine P. Sulla facere potuisse. de quo etiamsi 68
quis dubitasset antea, num id, quod tu arguis, cogitasset, ut interfecto
patre tuo consul descenderet kalendis Ianuariis cum lictoribus, sustu-
listi hanc suspicionem, cum dixisti hunc, ut Catilinam consulem efficeret,
contra patrem tuum operas et manum comparasse. quod si tibi ego con-
20 fitear, tu mihi concedas necesse est hunc, cum Catilinae suffragaretur,
nihil de suo consulatu, quem iudicio amiserat, per vim recuperando cogi-
tavisse. neque enim istorum facinorum tantorum tam atrocium crimen,
iudices, P. Sullae persona suscipit.
Iam enim faciam criminibus omnibus fere dissolutis contra, atque in 69
25 ceteris causis fieri solet, ut nunc denique de vita hominis ac de moribus
dicam. etenim de principio studuit animus occurrere magnitudini criminis, satis facere expectationi hominum, de me aliquid ipso, qui accusatus eram, dicere; nunc iam revocandi estis eo, quo vos ipsa causa
etiam tacente me cogit animos mentesque convertere. omnibus in rebus, 25
30 iudices, quae graviores maioresque sunt, quid quisque voluerit, cogitarit, admiserit, non ex crimine, sed ex moribus eius, qui arguitur, est
ponderandum. neque enim potest quisquam nostrum subito fingi neque
cuiusquam repente vita mutari aut natura converti. circumspicite pau- 70

Tω] 2 tum Tπk tamen aφ ‖ 6 tum honoris πabck ‖ 10 r. p. a reip πφ ‖
12 etrupisse T ‖ 13 superiorem T | ego *om.* ω ‖ 16 antea num Ω antea an *E. Eb.*
Mdv. alii ante an um⟨quam⟩ *ego olim* | ut *om.* Taφ ‖ 17 consule Ω *corr. ed. R.* |
descendere φ | sustuli T ‖ 18 dixi Ta ‖ 19 ego tibi φ | confiteor aφ ‖ 21 meo (*pro*
suo) T ‖ 27 ipso TE de ipso ω ‖ 28 eram TEπa erat φ ‖ 29 etiam *om.* T | ani-
mos E animus Taφ *om.* π | mentesque convertere E *om.* Ω ‖ 30 iudices *om.* T ‖
32 fringi T

lisper mentibus vestris, ut alia mittamus, hosce ipsos homines, qui huic
adfines sceleri fuerunt. Catilina contra rem publicam coniuravit. cuius
aures umquam haec respuerunt conatum esse audacter hominem a pueritia non solum intemperantia et scelere sed etiam consuetudine et studio
in omni flagitio, stupro, caede versatum? quis eum contra patriam pug- 5
nantem perisse miratur, quem semper omnes ad civile latrocinium natum
putaverunt? quis Lentuli societates cum indicibus, quis insaniam libi-
dinum, quis perversam atque impiam religionem recordatur, qui illum
aut nefarie cogitasse aut stulte sperasse miretur? quis de C. Cethego atque eius in Hispaniam profectione ac de vulnere Q. Metelli Pii cogitat, 10
71 cui non ad illius poenam carcer aedificatus esse videatur? omitto ceteros,
ne sit infinitum; tantum a vobis peto, ut taciti de omnibus, quos coniurasse cognitum est, cogitetis; intellegetis unum quemque eorum prius
ab sua vita quam vestra suspicione esse damnatum. ipsum illum Autronium, quoniam eius nomen finitimum maxime est huius periculo et cri- 15
mini, non sua natura ac vita convicit? semper audax, petulans, libidi-
nosus; quem in stuprorum defensionibus non solum verbis uti impro-
bissimis solitum esse scimus, verum etiam pugnis et calcibus, quem
exturbare homines ex possessionibus, caedem facere vicinorum, spoliare fana sociorum, vi ⟨esse⟩ conatum et armis disturbare iudicia, 20
in bonis rebus omnis contemnere, in malis pugnare contra bonos, non rei
publicae cedere, non fortunae ipsi succumbere. huius si causa non
manifestissimis rebus teneretur, tamen eum mores ipsius ac vita con-
vinceret.

26
72 Agedum conferte nunc cum illius vita ⟨vitam⟩ P. Sullae vobis populo- 25
que Romano notissimam, iudices, et eam ante oculos vestros proponite.
ecquod est huius factum aut commissum non dicam audacius, sed quod
cuiquam paulo minus consideratum videretur? factum quaero; verbum
ecquod umquam ex ore huius excidit, in quo quisquam posset offendi?
at vero in illa gravi L. Sullae turbulentaque victoria quis P. Sulla mitior, 30
quis misericordior inventus est? ⟨quam⟩ multorum hic vitam est a

Tω] **1** omittamus ω ‖ **3** haec **T** hoc ω | audacter *om.* ω ‖ **5** grassatum (*pro*
versatum) **E** ‖ **6** patrocium **T** | notum **T** ‖ **9** cogitasse **TE** *om.* ω | sperasse **E**
cogitasse *Ω* ‖ **13** intelligitis **T a b**² | illorum (*pro* eorum) **b k** ‖ **14** ab **T b** a ω | quam
a vestra **π c**² quam nostra **a φ** ‖ **15** huic **π** ‖ **16** natura ac vita] vita ac natura **T**
ac (haec **k**) vita **π a p b k** ante acta vita *Σ* consuetudine ac vita **c** | convincit ω ‖
17 stuprum **T** ‖ **19** ex **T π c** et a e φ ‖ **20** ⟨esse⟩ *addidi* et **T** *om.* ω | conatu *Σ* **b k** ‖
21 contemnerem **T** ‖ **25** illis **c k** | vita ⟨vitam⟩ *Ang. Cl.* vita **T** vitam ω ‖ **27** et
quod *Ω corr. ed. Med.* | est *om.* φ ‖ **29** et quod **T** | in quo] ut *vel* unde φ ‖ **30** vic-
toria turbulentaque ω ‖ **31** quis . . . est **E** *om. Ω* | quam . . . *p. 23, 1* deprecatus
Gell. 7, 16, 6 | quam *Gell. om. Ω*

L. Sulla deprecatus! quam multi sunt summi homines et ornatissimi et
nostri et equestris ordinis, quorum pro salute se hic Sullae obligavit!
quos ego nominarem — neque enim ipsi nolunt et huic animo gratissimo
adsunt —; sed quia maius est beneficium, quam posse debet civis civi
5 dare, ideo a vobis peto, ut, quod potuit, tempori tribuatis, quod fecit,
ipsi. quid reliquam constantiam vitae commemorem, dignitatem, libera- 73
litatem, moderationem in privatis rebus, splendorem in publicis? quae
ita deformata sunt a fortuna, ut tamen a natura inchoata conpareant.
quae domus, quae celebratio cotidiana, quae familiarium dignitas, quae
10 studia amicorum, quae ex quoque ordine multitudo! haec diu multum-
que et multo labore quaesita una eripuit hora. accepit P. Sulla, iudices,
vulnus vehemens et mortiferum, verum tamen eius modi, quod videretur huius vita et natura accipere potuisse. honestatis enim et dignitatis
habuisse nimis magnam iudicatus est cupiditatem; quam si nemo alius
15 habuit in consulatu petendo, cupidior iudicatus est hic fuisse quam
ceteri; sin etiam in aliis nonnullis fuit iste consulatus amor, fortuna
in hoc fuit fortasse gravior quam in ceteris. postea vero quis P. Sul- 74
lam nisi maerentem, demissum afflictumque vidit, quis umquam est
suspicatus hunc magis odio quam pudore hominum aspectum lucem-
20 que vitare? qui cum multa haberet invitamenta urbis et fori propter
summa studia amicorum, quae tamen ei sola in malis restiterunt, afuit
ab oculis vestris et, cum lege retineretur, ipse se exilio paene multavit.
in hoc vos pudore, iudices, et in hac vita tanto sceleri locum fuisse cre- 27
ditis? aspicite ipsum, contuemini os, conferte crimen cum vita, vitam ab
25 initio usque ad hoc tempus explicatam cum crimine recognoscite. mitto 75
rem publicam, quae fuit semper Sullae carissima; hosne amicos, tales
viros tam cupidos sui, per quos res eius secundae quondam erant ornatae, nunc sublevantur adversae, crudelissime perire voluit, ut cum
Lentulo et Catilina et Cethego foedissimam vitam ac miserrimam tur-
30 pissima morte proposita degeret? non, inquam, cadit in hos mores, non
in hunc pudorem, non in hanc vitam, non in hunc hominem ista suspicio.
nova quaedam illa inmanitas exorta est, incredibilis fuit ac singularis
furor, ex multis ab adulescentia collectis perditorum hominum vitiis
repente ista tanta inportunitas inauditi sceleris exarsit. nolite, iudices, 76

Tω] 1 L. *om. Gell.* ‖ **6** reliquae *Ri.* | libertatem **T** ‖ **8** a fortuna deformata
sunt ω ‖ **9** familiaris a φ ‖ **10** multumque **TE**π multum a φ ‖ **13** huius] eius φ |
enim *om.* ω ‖ **21** tamen] tantum π tum Σ | affuit **T**a abfuit π φ *corr.* Lb. ‖ **22** ve-
stris] nostris Σ b¹ c ‖ **23** iudicii Ω *corr. Ang.* | credatis *Zie.* ‖ **24** vitam *om.* ω ‖
24.25 ab initio usque **T**π a ab initio **E** usque φ ‖ **25** explicatam **TE** explicata ω ‖
27 ornatae b² c k ordinatae *cett.*

arbitrari hominum illum impetum et conatum fuisse – neque enim ulla
gens tam barbara aut tam immanis umquam fuit, in qua non modo tot,
sed unus tam crudelis hostis patriae sit inventus – : beluae quaedam illae
ex portentis immanes ac ferae forma hominum indutae extiterunt. per-
spicite etiam atque etiam, iudices, – nihil enim est, quod in hac causa dici 5
possit vehementius – penitus introspicite Catilinae, Autroni, Cethegi,
Lentuli ceterorumque mentes; quas vos in his libidines, quae flagitia,
quas turpitudines, quantas audacias, quam incredibiles furores, quas
notas facinorum, quae indicia parricidiorum, quantos acervos scelerum
reperietis ! ex magnis et diuturnis et iam desperatis rei publicae morbis 10
ista repente vis erupit, ut ea confecta et eiecta convalescere aliquando et
sanari civitas possit; neque enim est quisquam, qui arbitretur illis in-
clusis in re publica pestibus diutius haec stare potuisse. itaque eos non
ad perficiendum scelus, sed ad luendas rei publicae poenas Furiae quaedam incitaverunt. in hunc igitur gregem vos nunc P. Sullam, iudices, 15
ex his, qui cum hoc vivunt aut vixerunt, honestissimorum hominum
gregibus reicietis, ex hoc amicorum numero, ex hac familiarium dignitate
in impiorum partem atque in parricidarum sedem atque numerum
transferetis ? ubi erit igitur illud firmissimum praesidium pudoris, quo
in loco nobis vita ante acta proderit, quod ad tempus existimationis par- 20
tae fructus reservabitur, si in extremo discrimine ac dimicatione fortunae deseruerit, si non aderit, si nihil adiuvabit ?

78   Quaestiones nobis servorum accusator ac tormenta minitatur. in quibus quamquam nihil periculi suspicamur, tamen illa tormenta gubernat
dolor, moderatur natura cuiusque cum animi tum corporis, regit quae- 25
sitor, flectit libido, corrumpit spes, infirmat metus, ut in tot rerum an-
gustiis nihil veritati loci relinquatur. vita P. Sullae torqueatur, ex ea
quaeratur, num quae occultetur libido, num quod lateat facinus, num
quae crudelitas, num quae audacia. nihil erroris erit in causa nec obscuri-
tatis, iudices, si a vobis vitae perpetuae vox ea, quae verissima et gra- 30

Tω] **1** arbitrare **T** (*fort. recte, cf. prov. cons. 42* arbitrarem (**P**) *et nat. deor. 2, 74*
arbitrato) ‖ **4** formas *π* ‖ **6** possit *π* **b c k** posset *cett.* ‖ **9** scelerum (*pro* facino-
rum) *ω* | facinorum (*pro* scelerum) *ω* ‖ **12** posset **k** ‖ **16** aut **T** at *π* atque **a** *φ* |
amicorum (*pro* hominum) **T** ‖ **17** amicorum *R. Kl.* hominum *Ω* | familiari **a** *φ* ‖
18 cedem (*pro* sedem) **a** *φ* | ac numerum **a b** et numerum *π* *φ* ‖ **19** fortissimum
(*pro* firmissum) *ω* ‖ **20** parta **T** ‖ **21** in *ω* non **T** ‖ **22** deseruerit *cod. Victorian.*
deseruit **b¹ c²** deserit **Tω** deseret **k**; *in* **T** *post* deserit *est littera* n | si *alterum om.* **T** ‖
23 accusator et tormenta **T** ac tormenta accusator *ω* ‖ **24** nihil *om.* **T** ‖ **25** regit
quaesitor *om.* *π* | quaestor **a** *φ* ‖ **27** torquate **a** *φ* ‖ **30** gravissima et verissima *π* **a**
gravissima *φ*

vissima debet esse, audietur. nullum in hac causa testem timemus, nihil 79
quemquam scire, nihil vidisse, nihil audisse arbitramur. sed tamen si(79)
nihil vos P. Sullae fortuna movet, iudices, vestra moveat. vestra enim,
qui cum summa elegantia atque integritate vixistis, hoc maxime interest
5 non ex libidine aut simultate aut levitate testium causas honestorum
hominum ponderari, sed in magnis disquisitionibus repentinisque periculis vitam unius cuiusque esse testem. quam vos, iudices, nolite armis
suis spoliatam atque nudatam obicere invidiae, dedere suspicioni; mu-
nite communem arcem bonorum, obstruite perfugia improborum! valeat
10 ad poenam et ad salutem vita plurimum, quam solam videtis ipsam ex
sua natura facillime perspici, subito flecti fingique non posse.
Quid vero? haec auctoritas – semper enim est de ea dicendum, quamquam a me timide modiceque dicetur –, quid? inquam, haec auctoritas
nostra, qui a ceteris coniurationis causis abstinuimus, P. Sullam defen-
15 dimus, nihil hunc tandem iuvabit? grave est hoc dictu fortasse, iudices,
grave, si appetimus aliquid; si, cum ceteri de nobis silent, non etiam
nosmet ipsi tacemus, grave; sed si laedimur, si accusamur, si in invidiam
vocamur, profecto conceditis, iudices, ut nobis libertatem retinere
liceat, si minus liceat dignitatem. accusati sunt uno nomine consulares, 81
20 ut iam videatur honoris amplissimi nomen plus invidiae quam dignitatis
adferre. 'adfuerunt' inquit 'Catilinae illumque laudarunt.' nulla tum pa-
tebat, nulla erat cognita coniuratio: defendebant amicum, aderant
supplici, vitae eius turpitudinem in summis eius periculis non inseque-
bantur. quin etiam parens tuus, Torquate, consul reo de pecuniis repe-
25 tundis Catilinae fuit advocatus, improbo homini at supplici, fortasse
audaci, at aliquando amico. cui cum adfuit post delatam ad eum primam
illam coniurationem, indicavit se audisse aliquid, non credidisse. 'at idem
non adfuit alio in iudicio, cum adessent ceteri.' si postea cognorat ipse
aliquid, quod in consulatu ignorasset, ignoscendum est iis, qui postea
30 nihil audierunt; sin illa res prima valuit, num inveterata quam recens
debuit esse gravior? sed si tuus parens etiam in ipsa suspicione periculi
sui tamen humanitate adductus advocationem hominis improbissimi
sella curuli atque ornamentis et suis et consulatus honestavit, quid est,

TE (*incipit a v. 25* -tundis) **ω**] **3** vestram **T** ‖ **4** qua (*pro* qui) **T** ‖ **8** delere suspi-
cationi **T** ‖ **10** vita *om.* **Taφ** | ipse **T** per se *Mo.* ‖ **10.11** ex sua natura **T** ex na-
tura sua et in natura **π** ex vi sua naturaque **aφ** ‖ **13** modiceque **Tπk** et modice **b**
modice *cett.* ‖ **15** grave … iudices **E** *om.* **Tω** | dictum **E** *corr. Mdv.* ‖ **18** concede-
tis **ck** ‖ **19** ⟨omnes⟩ consulares *Cl.* ‖ **21** tum] tamen **abc** ‖ **26** deletam **E** ‖ **27** iudi-
cavit **TEΣ** | ad **E** ‖ **28** si **TΣbk** sed *cett.* ‖ **29** his **Ω** *corr. edd. V. R.* ‖ **30** num **TE**
non **ω** ‖ **31** ipsa] illa **ω**

82 quam ob rem consulares, qui Catilinae adfuerunt, reprehendantur? 'at idem iis, qui ante hunc causam de coniuratione dixerunt, non adfuerunt.' tanto scelere astrictis hominibus statuerunt nihil a se adiumenti, nihil opis, nihil auxilii ferri oportere. atque ut de eorum constantia atque animo in rem publicam dicam, quorum tacita gravitas et fides de uno quoque loquitur neque cuiusquam ornamenta orationis desiderat, potest dicere quisquam umquam meliores, fortiores, constantiores consulares fuisse quam his temporibus et periculis, quibus paene oppressa est res publica? quis non de communi salute apertissime, quis non fortissime, quis non constantissime sensit? neque ego praecipue de consularibus disputo; nam haec et hominum ornatissimorum, qui praetores fuerunt, et universi senatus communis est laus, ut constet post hominum memoriam numquam in illo ordine plus virtutis, plus amoris in rem publicam, plus gravitatis fuisse; sed quia sunt descripti consulares, de his tantum mihi dicendum putavi, quod satis esset ad testandam omnium memoriam, neminem esse ex illo honoris gradu, qui non omni studio, virtute, auctoritate incubuerit ad rem publicam conservandam.

30
83 Sed quid? ego, qui Catilinam non laudavi, qui reo Catilinae consul non adfui, qui testimonium de coniuratione dixi in alios, adeone vobis alienus a sanitate, adeo oblitus constantiae meae, adeo immemor rerum a me gestarum esse videor, ut, cum consul bellum gesserim cum coniuratis, nunc eorum ducem servare cupiam et in animum inducam, cuius nuper ferrum rettuderim flammamque restinxerim, eiusdem nunc causam vitamque defendere? si medius fidius, iudices, non me ipsa res publica meis laboribus et periculis conservata ad gravitatem animi et constantiam sua dignitate revocaret, tamen hoc natura est insitum, ut, quem timueris, quicum de vita fortunisque contenderis, cuius ex insidiis evaseris, hunc semper oderis. sed cum agatur honos meus amplissimus, gloria rerum gestarum singularis, cum, quotiens quisque est in hoc scelere convictus, totiens renovetur memoria per me inventae salutis, ego sim tam demens, ego committam, ut ea, quae pro salute omnium gessi, casu
84 magis et felicitate a me quam virtute et consilio gesta esse videantur? 'quid ergo? hoc tibi sumis' dicet fortasse quispiam, 'ut, quia tu defendis,

TEω] **2** iis *edd. V. R.* is a Σ his *cett., sed in* **T** *nigriore atramento* i *ex* h *factum esse videtur* | hanc **T** ‖ **4** ferre **TE** ‖ **7** dicere quisquam **E** k quisquam dicere **T**ω ‖ **8** iis ω ‖ **9** apertissime] optime *Spengel* ‖ **11** dico seu disputo **b**²c ‖ **13** rep. **T** ‖ **15** ad testandum **T** attestantem ω | memoriam omnium ω ‖ **20** avius a sanitate *Arus. Mess. (GL 7, 458)* ‖ **22** et *om.* Σ ‖ **24** rep. **T** ‖ **29** cum . . . **30** salutis *om.* **E** | *in* **T** *post* singularis *sequntur* ego sim tam demens (*ex v. 30*) | quisquam a φ (*exc.* Σ¹**b**¹) ‖ **30** sim *om.* **T** ‖ **33** defenderes a φ (*exc.* **b**²c)

innocens iudicetur?' ego vero, iudices, non modo mihi nihil adsumo, in
quo quispiam repugnet, sed etiam, si quid ab omnibus conceditur, id
reddo ac remitto. non in ea re publica versor, non iis temporibus meum
caput obtuli pro patria periculis omnibus, non aut ita sunt extincti, quos
vici, aut ita grati, quos servavi, ut ego mihi plus appetere coner, quam
quantum omnes inimici invidique patiantur. grave esse videtur eum, 85
qui investigarit coniurationem, qui patefecerit, qui oppresserit, cui senatus singularibus verbis gratias egerit, cui uni togato supplicationem
decreverit, dicere in iudicio: 'non defenderem, si coniurasset.' non dico
id, quod grave est, dico illud, quod in his causis coniurationis non
auctoritati adsumam, sed pudori meo: 'ego ille coniurationis investi-
gator atque ultor certe non defenderem Sullam, si coniurasse arbi-
trarer.' ego, iudices, de tantis omnium periculis cum quaererem omnia,
multa audirem, crederem non omnia, caverem omnia, dico hoc, quod
initio dixi, nullius indicio, nullius nuntio, nullius suspicione, nullius
litteris de P. Sulla rem ullam ad me esse delatam.

Quam ob rem vos, di patrii ac penates, qui huic urbi atque huic rei **31**
publicae praesidetis, qui hoc imperium, qui hanc libertatem, qui popu- 86
lum Romanum, qui haec tecta atque templa me consule vestro numine
auxilioque servastis, testor integro me animo ac libero P. Sullae causam
defendere, nullum a me sciente facinus occultari, nullum scelus susceptum contra salutem omnium defendi ac tegi. nihil de hoc consul comperi,
nihil suspicatus sum, nihil audivi. itaque idem ego ille, qui vehemens in 87
alios, qui inexorabilis in ceteros esse visus sum, persolvi patriae, quod
debui; reliqua iam a me meae perpetuae consuetudini naturaeque de-
bentur; tam sum misericors, iudices, quam vos, tam mitis, quam qui
lenissimus; in quo vehemens fui vobiscum, nihil feci nisi coactus, rei
publicae praecipitanti subveni, patriam demersam extuli; misericordia
civium adducti tum fuimus tam vehementes, quam necesse fuit. salus
esset amissa omnium una nocte, nisi esset serveritas illa suscepta. sed
ut ad sceleratorum poenam amore rei publicae sum adductus, sic ad
salutem innocentium voluntate deducor.

TEω] **3.4** caput meum **T**ω ‖ **4** patriae Ω *corr. Crat.* ‖ **5** eo (*pro* ego) **Ta**Σ^1**b** ‖
5.6 quamquam tum **TEa** ‖ **6** esse videtur eum **TEk** eum esse videtur π esse eum
videtur *cett.* ‖ **8** uno **T** ‖ **14** multa … omnia *om.* **T** | non omnia crederem ω ‖
15 in initio **T** | nullius nuntio *om.* **T**ω ‖ **15.16** nullis litteris φ ‖ **16** de P. **TE**π de
rep. **a**φ de reatu P. Σ *mg.* | sullae **a**φ ‖ **17** patri **T** ‖ **17.18** imperio (*pro* rei p.) φ ‖
18 qui populum R.] populumque R. $\pi\varphi$ ‖ **19** nomine **T** ‖ **26** quas vos **T** ‖ **29** tunc ω ‖
30 omnium amissa ω ‖ **31** si (*pro* sic) **T** ‖ **32** ducor π adducor **b**^{2}**c**

88 Nihil video esse in hoc P. Sulla, iudices, odio dignum, misericordia digna multa. neque enim nunc propulsandae calamitatis suae causa supplex ad vos, iudices, confugit, sed ne qua generi ac nomini suo nota nefariae turpitudinis inuratur. nam ipse quidem si erit vestro iudicio liberatus, quae habet ornamenta, quae solacia reliquae vitae, quibus 5 laetari ac perfrui possit? domus erit, credo, exornata, aperientur maiorum imagines, ipse ornatum ac vestitum pristinum recuperabit. omnia, iudices, haec amissa sunt, omnia generis, nominis, honoris insignia atque ornamenta unius iudicii calamitate occiderunt. sed ne extinctor patriae, ne proditor, ne hostis appelletur, ne hanc labem tanti sceleris in familia 10 relinquat, id laborat, id metuit, ne denique hic miser coniurati et conscelerati et proditoris filius nominetur; huic puero, qui est ei vita sua multo carior, metuit, cui honoris integros fructus non sit traditurus, ne aeter-

89 nam memoriam dedecoris relinquat. hic vos orat, iudices, parvus, ut se aliquando si non integra fortuna, at ut adflicta patri suo gra- 15 tulari sinatis. huic misero notiora sunt itinera iudiciorum et fori quam campi et disciplinarum. non iam de vita P. Sullae, iudices, sed de sepultura contenditur; vita erepta est superiore iudicio, nunc, ne corpus eiciatur, laboramus. quid enim est huic reliqui, quod eum in hac vita teneat,

32 aut quid est, quam ob rem haec cuiquam vita videatur? nuper is homo 20 fuit in civitate P. Sulla, ut nemo ei se neque honore neque gratia neque fortunis anteferret, nunc spoliatus omni dignitate, quae erepta sunt, non repetit; quod fortuna in malis reliqui fecit, ut cum parente, cum liberis, cum fratre, cum his necessariis lugere suam calamitatem liceat,

90 id sibi ne eripiatis vos, iudices, obtestatur. te ipsum iam, Torquate, 25 expletum huius miseriis esse par erat, et si nihil aliud Sullae nisi consulatum abstulissetis, tamen eo contentos vos esse oportebat; honoris enim contentio vos ad causam, non inimicitiae deduxerunt. sed cum huic omnia cum honore detracta sint, cum in hac fortuna miserrima ac luctuosissima destitutus sit, quid est, quod expetas amplius? lucisne hanc 30 usuram eripere vis plenam lacrimarum atque maeroris, in qua cum maximo cruciatu ac dolore retinetur? libenter reddiderit adempta ignominia foedissimi criminis. an vero inimicum ut expellas? cuius ex mi-

TE*ω*] 3 ne *om.* E ‖ 5 reliqua vitae E vitae reliqua c ‖ 6 ac TE*π*k et a*φ* ‖ 7 pristinum *om.* T*ω* | recuperavit T ‖ 9 ceciderunt b c¹ ‖ 10 ut (*pro* ne) hostis T | sceleris TE generis *ω* ‖ 11 ne ... 13 metuit *om.* *ω* ‖ 14 hoc T | parvus TE*π*k patruus *cett.* ‖ 15 at ut TE*π* ut a p c at *cett.* ‖ 16 iudiciorum itinera *ω* ‖ 17 campi et E et T *om.* *ω* ‖ 19 vita hac a*φ* ‖ 24 lugere TE*π*ab¹ iungere *cett.* ‖ 26 his *Σ* | esse *om.* *φ* | par erat TE*π* pateat a*φ* ‖ 27 vos contentos Ta*φ* ‖ 29 sunt T | misera *ω* ‖ 30 sit T*ω* est E | expectas Ta*φ* expectes *π* c ‖ 31 eius (*pro* vis) *π* ‖ 32 atque *ω* (*exc.* b)

seriis, si esses crudelissimus, videndo fructum maiorem caperes quam
audiendo. o miserum et infelicem illum diem, quo consul omnibus cen- 91
turiis P. Sulla renuntiatus est, o falsam spem, o volucrem fortunam, o
caecam cupiditatem, o praeposteram gratulationem! quam cito illa
5 omnia ex laetitia et voluptate ad luctum et lacrimas reciderunt, ut, qui
paulo ante consul designatus fuisset, repente nullum vestigium retineret
pristinae dignitatis! quid enim erat mali, quod huic spoliato fama, honore,
fortunis deesse videretur? aut cui novae calamitati locus ullus relictus
est? urget eadem fortuna, quae coepit, repperit novum maerorem, non
10 patitur hominem calamitosum uno malo adflictum uno in luctu perire.

Sed iam impedior egomet, iudices, dolore animi, ne de huius miseria **33**
plura dicam. vestrae sunt iam partes, iudices, in vestra mansuetudine at- 92
que humanitate causam totam repono. vos reiectione interposita nihil
suspicantibus nobis repentini in nos iudices consedistis ab accusatoribus
15 delecti ad spem acerbitatis, a fortuna nobis ad praesidium innocentiae
constituti. ut ego, quid de me populus Romanus existimaret, quia se-
verus in improbos fueram, laboravi, et quae prima innocentis mihi de-
fensio est oblata, suscepi, sic vos severitatem iudiciorum, quae per hos
menses in homines audacissimos facta sunt, lenitate ac misericordia
20 mitigate. hoc cum a vobis impetrare causa ipsa debet, tum est vestri ani- 93
mi atque virtutis declarare. non esse eos vos, ad quos potissimum interposita reiectione devenire convenerit. in quo ego vos, iudices, quantum
meus in vos amor postulat, tantum hortor, ut communi studio, quoniam
in re publica coniuncti sumus, mansuetudine et misericordia vestra falsam
25 a nobis crudelitatis famam repellamus.

TEω] 1 caperes maiorem **Tω** ‖ 2 o . . . diem *Schol.* | et *om. Schol.* ‖ 4 sylla
(*pro illa*) **T** ‖ 5 laetitia ex voluptate **T** ‖ 6 fuisset retineret repente (*om.* a) nullum
vestigium pristina ω ‖ 7 honore fama **a**φ ‖ 9 est **b**¹ esset **TEω** *secl. Cl.* | reope-
rit **T** ‖ 10 malo **TE** modo ω ‖ 12 iam sunt **a**φ ‖ 13 vos . . . 15 acerbitatis *Schol.* |
vos *Schol.* vos ex **TE** vos et (etiam k) ω ‖ 16 destituti **E** ‖ 19 sunt **TE** est ω ‖
20 impetrare a vobis ω | ipsa causa ω ‖ 22 iudices vos ω ‖ 23 amor in vos ω ‖
24 vestra] nostra **Σk** ‖ 25 vobis **π**c²
Subscr. Explicit oratio M. T. C. pro publio sylla **E**

ORATIO
PRO ARCHIA POETA

EDITIONES

M. Tulli Ciceronis Orationes Vol. VI (pro Tullio, pro Fonteio, pro Sulla, pro Archia,
  pro Plancio, pro Scauro). Recognovit brevique adnotatione critica instruxit
  Albertus Curtis Clark. Oxonii: e Typographeo Clarendoniano 1911 (Oxford Classi-
  cal Texts).
Cicero, The speeches with an English translation. Pro Archia. Post reditum ad
  Quirites. Post reditum in Senatu. De domo sua. De haruspicum responsis. Pro
  Plancio. By *N. H. Watts*. London: Heinemann 1923 (The Loeb Classical Li-
  brary).
M. Tulli Ciceronis Scripta quae manserunt Omnia Fasc. 19. Oratio pro Archia poeta.
  Recognovit *P. Reis*. Lipsiae: in Aedibus B. G. Teubneri 1932. — Iterum recogno-
  vit *P. Reis* 1949.
M. Tullius Cicero. Pro Archia. Pro Murena. Einl., Textbearb. u. erkl. Verz. der
  Eigenn. von *Alfred Klotz*. Heidelberg: F. H. Kerle Verlag 1949 (Heidelberger
  Texte, Lat. Reihe 18). — Pro Archia. 2. Aufl. durchgesehen von *Karl Stengel*
  1961.
Cicéron, Discours T. XII. Pour le poète Archias. Texte établi et traduit par *Félix
  Gaffiot*. Paris: Les Belles Lettres 1938 (Coll. des Universités de France). — 2. Ed.
  1959.
M. Tullius Cicero. Pro Archia Poeta. Ed. *André Labhardt*. Turici: in Aedibus Orell
  Füssli 1961 (Editiones Helveticae, Series Latina 5).

SIGLA

G = codex Gemblacensis nunc Bruxellensis 5352 saec. XII

E = codex Erfurtensis nunc Berolinensis 252 saec. XII|XIII

V = codex Vaticanus-Palatinus 1525 anno 1467 scriptus

ψ = consensus codicum **GEV**

a = codex Laurentianus (S. Crucis) XXIII. Sin. 3 (Lag. 43) saec. XIV

Σ = codex Parisinus 14749 (olim S. Victoris 91) saec. XV ineuntis

p = codex Palatinus 1820 anno 1394 scriptus

b = codex S. Marci 255, Flor. Bibl. Nat. I. IV. 4 (Lag. 6) saec. XV

c = codex Oxoniensis Canonici 226 saec. XV

k = codex Parisinus 7779 anno 1459 scriptus

φ = consensus codicum Σ**pbck**

ω = consensus codicum **a**φ

Ω = omnes codices

Schol. = Scholiasta Bobiensis

NOTAE

Aug.	= Ant. Augustinus	Mdv.	= Madvig
Bai.	= Baiter	Mo.	= Mommsen
Cl.	= Clark	Mue.	= C. F. W. Mueller
A. Eb.	= A. Eberhard	Naug.	= Naugerius
Ern.	= Ernesti	No.	= Nohl
Gaff.	= Gaffiot	Put.	= Puteanus
Gar.	= Garatoni	Rs.	= Reis
Gul.	= Gulielmius	Ri.	= Richter
Ha.	= Halm	Schue.	= Schuetz
Herv.	= Hervagen	Ste.	= Sternkopf
A. Kl.	= A. Klotz	Stue.	= Stuerenberg
R. Kl.	= R. Klotz	Syd.	= Sydow
Lb.	= Lambinus	Tho.	= Thomas
Lut.	= Luterbacher	Zie.	= Zielinski
Man.	= Manutius		

TESTIMONIA

Tac. dial. 37: nec Ciceronem magnum oratorem P. Quinctius defensus aut Licinius Archias faciunt: Catilina et Milo et Verres et Antonius hanc illi famam circumdederunt.

August. RL 150, 25: In adoxo, id est in humili genere materiae, proxima sermoni debent esse principia neque sententiis alte petitis neque verbis ultra modum ornatis nec structura graviore sed quasi resoluta et simplici. vis autem omnium sententiarum, quam his principiis adhibemus, ea esse debebit, ut rem a proprietate revocet ad communitatem et dicat omnium interesse illam rem vindicari, propterea quod, quanto quaeque minora sunt, tanto crebrius et magis inter multos cadere possint; nec tam oportere spectari magnitudinem rerum et personarum quam rationem aequi et iniqui, veri atque falsi; eandem enim esse horum in minimis vim quam in maximis . . . certe M. Tullius, cum pro Archia diceret, non aliter exorsus est.

Quint. 10, 1, 27: Plurimum dicit oratori conferre Theophrastus lectionem poetarum multique eius iudicium sequuntur, neque immerito. namque ab his in rebus spiritus et in verbis sublimitas et in affectibus motus omnis et in personis decor petitur praecipueque velut attrita cotidiano actu forensi ingenia optime rerum talium blanditia reparantur. ideoque in hac lectione Cicero requiescendum putat *(cf. §§ 12—13).*

Quint. 10, 7, 17: adeo pretium omnia spectant, ut eloquentia quoque, quamquam plurimum habeat in se voluptatis, maxime tamen praesenti fructu laudis opinionisque ducatur. nec quisquam tantum fidat ingenio, ut id sibi speret incipienti statim posse contingere; sed sicut in cogitatione praecipimus, ita facilitatem quoque extemporalem a parvis initiis paulatim perducemus ad summam, quae neque perfici neque contineri nisi usu potest. ceterum pervenire eo debet, ut cogitatio non utique melior sit ea sed tutior; cum hanc facilitatem non prosa modo multi sint consecuti sed etiam carmine, ut Antipater Sidonius et Licinius Archias; credendum enim Ciceroni est *(cf. § 18).*

Quint. 5, 11, 23: παραβολή, quam Cicero collationem vocat, longius res, quae comparentur, repetere solet. neque hominum modo inter se opera similia spectantur . . . sed et a mutis atque etiam inanimis interim huiusmodi ducitur . . . 25. ex hoc genere dictum illud est Ciceronis: ,,ut corpora nostra sine mente, ita civitas sine lege suis partibus ut nervis ac sanguine et membris uti non potest,“ sed ut hac corporis humani pro Cluentio *(§ 146)* ita pro Cornelio equorum, pro Archia *(§ 19)* saxorum quoque usus est similitudine.

Sen. suas. 6, 27: Sextilius Ena fuit homo ingeniosus magis quam eruditus, inaequalis poeta et plane quibusdam locis talis, quales esse Cicero Cordubensis poetas ait, ⟨pingue⟩ quiddam sonantis atque peregrinum *(cf. § 26).*

¹
¹ Si quid est in me ingeni, iudices, quod sentio quam sit exiguum, aut si
qua exercitatio dicendi, in qua me non infitior mediocriter esse versatum,
aut si huiusce rei ratio aliqua ab optimarum artium studiis ac disciplina
profecta, a qua ego nullum confiteor aetatis meae tempus abhorruisse,
earum rerum omnium vel in primis hic A. Licinius fructum a me repe- 5
tere prope suo iure debet. nam quoad longissime potest mens mea re-
spicere spatium praeteriti temporis et pueritiae memoriam recordari
ultimam, inde usque repetens hunc video mihi principem et ad suscipien-
dam et ad ingrediendam rationem horum studiorum exstitisse. quodsi
haec vox huius hortatu praeceptisque conformata nonnullis aliquando 10
saluti fuit, a quo id accepimus, quo ceteris opitulari et alios servare possemus, huic profecto ipsi, quantum est situm in nobis, et opem et salutem
2 ferre debemus. ac ne quis a nobis hoc ita dici forte miretur, quod alia
quaedam in hoc facultas sit ingeni neque haec dicendi ratio aut disciplina, ne nos quidem huic uni studio penitus umquam dediti fuimus. 15
etenim omnes artes, quae ad humanitatem pertinent, habent quoddam
commune vinclum et quasi cognatione quadam inter se continentur.
²
³ Sed ne cui vestrum mirum esse videatur me in quaestione legitima et
in iudicio publico, cum res agatur apud praetorem populi Romani, lectis-
simum virum, et apud severissimos iudices, tanto conventu hominum ac 20
frequentia hoc uti genere dicendi, quod non modo a consuetudine iudiciorum, verum etiam a forensi sermone abhorreat, quaeso a vobis, ut in hac
causa mihi detis hanc veniam accommodatam huic reo, vobis quem ad
modum spero non molestam, ut me pro summo poeta atque eruditissimo
homine dicentem hoc concursu hominum litteratissimorum, hac vestra 25
humanitate, hoc denique praetore exercente iudicium patiamini de studiis humanitatis ac litterarum paulo loqui liberius et in eius modi persona,
quae propter otium ac studium minime in iudiciis periculisque tractata

Inscr. M. Tullii Ciceronis pro Aulo Licinio Archia poeta **G** M. t. ciceronis pro Aulo
archita poeta **E**

1 si . . . exiguum *Quint. 11, 1, 19 et 3, 97* | ingenii in me *Quint.* ‖ **3** huiusce
modi **a** ‖ **5** hic *in* **G** *supra lineam, secl. Gaff.* | Licinius] Archia *add.* **G a** | petere **E** ‖
6 pro[pe] *Ste.* ‖ **11** possumus *ψ* ‖ **14** aut] ac *Σ* **b** ‖ **15** ne *ψ* **b** nec *cett.* | huic uni *Lb.*
huic cuncti *Ω* huicce uni *Put.* ‖ **19** cum res agitatur *(sic)* . . . rectissimum *(sic)*
virum *Schol.* ‖ **22** hac *om.* **V** ‖ **26** hoc . . . iudicium *Schol.*

est, uti prope novo quodam et inusitato genere dicendi. quod si mihi a 4
vobis tribui concedique sentiam, perficiam profecto, ut hunc A. Licinium
non modo non segregandum, cum sit civis, a numero civium, verum
etiam, si non esset, putetis asciscendum fuisse.

5 Nam ut primum ex pueris excessit Archias atque ab iis artibus, quibus 3
aetas puerilis ad humanitatem informari solet, se ad scribendi studium
contulit, primum Antiochiae – nam ibi natus est loco nobili –, celebri
quondam urbe et copiosa atque eruditissimis hominibus liberalissimisque
studiis adfluenti, celeriter antecellere omnibus ingeni gloria contigit.
10 post in ceteris Asiae partibus cunctaque Graecia sic eius adventus celebrabantur, ut famam ingeni exspectatio hominis, exspectationem ipsius
adventus admiratioque superaret. erat Italia tum plena Graecarum ar- 5
tium ac disciplinarum studiaque haec et in Latio vehementius tum cole-
bantur quam nunc isdem in oppidis et hic Romae propter tranquillitatem
15 rei publicae non neglegebantur. itaque hunc et Tarentini et Regini et
Neapolitani civitate ceterisque praemiis donarunt et omnes, qui aliquid
de ingeniis poterant iudicare, cognitione atque hospitio dignum existi-
marunt. hac tanta celebritate famae cum esset iam absentibus notus,
Romam venit Mario consule et Catulo. nactus est primum consules eos,
20 quorum alter res ad scribendum maximas, alter cum res gestas tum etiam
studium atque auris adhibere posset. statim Luculli, cum praetextatus
etiam tum Archias esset, eum domum suam receperunt, sed [et] iam hoc
non solum ingeni ac litterarum, verum etiam naturae atque virtutis
⟨gratia⟩, ut domus, quae huius adulescentiae prima fuerit, eadem esset
25 familiarissima senectuti. erat temporibus illis iucundus Q. Metello illi 6
Numidico et eius Pio filio, audiebatur a M. Aemilio, vivebat cum Q. Catulo et patre et filio, a L. Crasso colebatur. Lucullos vero et Drusum et
Octavios et Catonem et totam Hortensiorum domum devinctam consuetudine cum teneret, adficiebatur summo honore, quod eum non solum
30 colebant, qui aliquid percipere atque audire studebant, verum etiam si
qui forte simulabant. interim satis longo intervallo, cum esset cum M. Lu- 4
cullo in Siciliam profectus et cum ex ea provincia cum eodem Lucullo

1 mihi *om.* EV ‖ 5 iis **ek** his *cett.* ‖ 9 afluenti **G** | contingit **V** ‖ 10 cunctaeque
Graeciae *Ω corr. Put.* | celebrabatur a p² celebrantur EV**b** ‖ 11 exspectatio hominis
in **G** *in marg., secl. Gaff.* ‖ 12 admirationemque *ψ Gaff.* | tum *ψ* **b¹** tunc *cett.* ‖
15 rei p. **b²** populi R. *Ω* | itaque . . . 16 donarunt *Schol.* | Tarentini ⟨et Locrenses⟩
sec. § 10 Lut. ‖ 20 quorum alter . . . alterum *(sic)* res . . . 21 posset *Schol.* | ·cum
om. **E** ‖ 22 in domum *φ (exc.* **b²***)* | [et] *seclusi;* etiam *ψ* a *Σ* p **b¹** est **b²** et **ek** erat
Heine, alii alia ‖ 24 ⟨gratia⟩ *addidi* | fuit *φ (exc.* **b²***)* ⟨af⟩fuit *Ste.* ‖ 25 erat . . .
26 Aemilio *Schol.* ‖ 26.27 cum Catulo patre . . . 28 domum *Schol.* ‖ 31 longo satis *Σ* |
M. *Schue.* L. *Ω Gaff.*

decederet, venit Heracleam. quae cum esset civitas aequissimo iure ac
foedere, ascribi se in eam civitatem voluit idque, cum ipse per se dignus
putaretur, tum auctoritate et gratia Luculli ab Heracliensibus impe-
7 travit. data est civitas Silvani lege et Carbonis: SI QVI FOEDERATIS CIVI-
TATIBVS ASCRIPTI FVISSENT, SI TVM CVM LEX FEREBATVR IN ITALIA 5
DOMICILIVM HABVISSENT ET SI SEXAGINTA DIEBVS APVD PRAETOREM
ESSENT PROFESSI. cum hic domicilium Romae multos iam annos haberet, professus est apud praetorem Q. Metellum, familiarissimum suum.
8   Si nihil aliud nisi de civitate ac lege dicimus, nihil dico amplius; causa
dicta est. quid enim horum infirmari, Gratti, potest? Heracleaene esse 10
tum ascriptum negabis? adest vir summa auctoritate et religione et
fide, M. Lucullus; qui se non opinari sed scire, non audisse sed vidisse,
non interfuisse sed egisse dicit. adsunt Heraclienses legati, nobilissimi
homines; huius iudici causa cum mandatis et cum publico testimonio
venerunt; qui hunc ascriptum Heracliensem dicunt. hic tu tabulas desi- 15
deras Heracliensium publicas, quas Italico bello incenso tabulario inter-
isse scimus omnes. est ridiculum ad ea, quae habemus, nihil dicere, quaerere, quae habere non possumus et de hominum memoria tacere, litterarum memoriam flagitare et, cum habeas amplissimi viri religionem,
integerrimi municipi ius iurandum fidemque, ea, quae depravari nullo 20
modo possunt, repudiare, tabulas, quas idem dicis solere corrumpi, desi-
9 derare. an domicilium Romae non habuit? is qui tot annis ⟨ante⟩ civitatem datam sedem omnium rerum ac fortunarum suarum Romae con-
locavit! an non est professus? immo vero iis tabulis professus, quae solae
ex illa professione conlegioque praetorum obtinent publicarum tabularum 25
5 auctoritatem. nam cum Appi tabulae neglegentius adservatae dicerentur,
Gabini, quam diu incolumis fuit, levitas, post damnationem calamitas
omnem tabularum fidem resignasset, Metellus, homo sanctissimus mode-
stissimusque omnium, tanta diligentia fuit, ut ad L. Lentulum praetorem et ad iudices venerit et unius nominis litura se commotum esse 30
dixerit. his igitur tabulis nullam lituram in nomine A. Licini videtis.
10 quae cum ita sint, quid est, quod de eius civitate dubitetis, praesertim

4 Silani G Sillani EVω *corr. Man.* ‖ **10** Gratti *Buech.* gratis (gracche b² a grac-
chis ck) *Ω* ‖ **11** tum] tamen a eum c civem eum k tu eum *Ha.* ‖ **12** audivisse ω ‖
15 venerunt *secl. Mo.* | hic . . . desideres *(sic)* Heracliensium quas interisse scimus
omnes *Schol.* | tabulas Σ p b¹ *Schol.* tabellas *cett.* ‖ **17** habemus] videmus G *Gaff.* ‖
22 an ψ ad a at φ | ⟨ante⟩ *add. Lag. 3* | civitate data φ ‖ **24** an G¹ EV p k at *cett.* |
his *Ω corr. Man.* ‖ **27** Gabini . . . fuit *Schol.* | Gabii ω | quamdiu . . . **28** resignasset
Serv. Aen. 4, 244 ‖ **31** ⟨in⟩ tabulis *A. Eb.* | talibus E | nomen G E a p c k *Gaff.* ‖
32 civitatibus E² | dubitatis G E a *Gaff.*

cum aliis quoque in civitatibus fuerit ascriptus? etenim cum medio-
cribus multis et aut nulla aut humili aliqua arte praeditis gravatim civitatem in Graecia homines impertiebant, Reginos credo aut Locrensis aut
Neapolitanos aut Tarentinos, quod scaenicis artificibus largiri solebant,
5 id huic summa ingeni praedito gloria noluisse! quid? cum ceteri non
modo post civitatem datam sed etiam post legem Papiam aliquo modo
in eorum municipiorum tabulas inrepserunt, hic, qui ne utitur quidem
illis, in quibus est scriptus, quod semper se Heracliensem esse voluit,
reicietur? census nostros requiris. scilicet. est enim obscurum proxumis 11
10 censoribus hunc cum clarissimo imperatore, L. Lucullo, apud exercitum
fuisse, superioribus cum eodem quaestore fuisse in Asia, primis, Iulio et
Crasso, nullam populi partem esse censam. sed quoniam census non ius
civitatis confirmat ac tantum modo indicat eum, qui sit census, ita se iam
tum gessisse, pro cive — iis temporibus quem tu criminaris ne ipsius qui-
15 dem iudicio in civium Romanorum iure esse versatum, et testamentum
saepe fecit nostris legibus et adiit hereditates civium Romanorum et in
beneficiis ad aerarium delatus est a L. Lucullo pro consule. quaere argu-
menta, si quae potes. numquam enim hic neque suo neque amicorum 6
iudicio revincetur.
20   Quaeres a nobis, Gratti, cur tanto opere hoc homine delectemur. quia 12
suppeditat nobis, ubi et animus ex hoc forensi strepitu reficiatur et aures
convicio defessae conquiescant. an tu existimas aut suppetere nobis
posse, quod cotidie dicamus in tanta varietate rerum, nisi animos nostros
doctrina excolamus, aut ferre animos tantam posse contentionem, nisi
25 eos doctrina eadem relaxemus? ego vero fateor me his studiis esse dedi-
tum. ceteros pudeat, si qui ita se litteris abdiderunt, ut nihil possint
ex iis neque ad communem adferre fructum neque in aspectum lucemque
proferre; me autem quid pudeat, qui tot annos ita vivo, iudices, ut a
nullius umquam me tempore aut commodo aut otium meum abstraxerit
30 aut voluptas avocarit aut denique somnus retardarit? quare quis tan- 13
dem me reprehendat aut quis mihi iure suscenseat, si, quantum ceteris

2 et om. E | gravatim Gaff. gravat in, ead. manu superscr. vel gratuito G vel
gratuito gravat EV gratuito ω ⟨haud⟩ gravatim Tho. alii alia ‖ 5 noluisse] sed
credendum est add. EV | cum secl. A. Eb. ‖ 7 irrepserint Man. | ne c non a nec
cett. ‖ 9 census . . . requiris Schol. ‖ 10 cum L. Lucullo . . . 11 fuisse Schol. ‖ 12 cen-
seam ψ a ‖ 13 ita secl. Lb. ‖ 14 iis Man. his (hiis G) Ω hic iis Gaff. | quem Gar.
quae Ω quibus ed. Asc. ⟨is⟩quem C. Fr. Mue. ‖ 15 et . . . 16 legibus Schol. ‖ 17 pro
consule Graevius p. r. consule GV pr̄ consule E praetore et consule ω ‖ 18 qua ω |
hic om. E a ‖ 20 quaeris a b | gratti ψ gracchi a gracche ψ ‖ 21 et animus ex b²
et (om. V a) enim lex ψ a p et eum (om. k) vox cett. ‖ 24 excolamus . . . animos
om. E ‖ 26 se ita φ ‖ 27 iis c² his Ω ‖ 30 avocaverit G

ad suas res obeundas, quantum ad festos dies ludorum celebrandos, quantum ad alias voluptates et ad ipsam requiem animi et corporis conceditur temporum, quantum alii tribuunt tempestivis conviviis, quantum denique alveolo, quantum pilae, tantum mihi egomet ad haec studia recolenda sumpsero?

Atque hoc adeo mihi concedendum est magis, quod ex his studiis haec quoque crescit oratio et facultas, quae, quantacumque ⟨est⟩ in me, numquam amicorum periculis defuit. quae si cui levior videtur, illa quidem 14 certe, quae summa sunt, ex quo fonte hauriam, sentio. nam nisi multorum praeceptis multisque litteris mihi ab adulescentia suasissem nihil esse in vita magno opere expetendum nisi laudem atque honestatem, in ea autem persequenda omnis cruciatus corporis, omnia pericula mortis atque exili parvi esse ducenda, numquam me pro salute vestra in tot ac tantas dimicationes atque in hos profligatorum hominum cotidianos impetus obiecissem. sed pleni omnes sunt libri, plenae sapientum voces, plena exemplorum vetustas; quae iacerent in tenebris omnia, nisi litterarum lumen accederet. quam multas nobis imagines non solum ad intuendum, verum etiam ad imitandum fortissimorum virorum expressas scriptores et Graeci et Latini reliquerunt! quas ego mihi semper in administranda re publica proponens animum et mentem meam ipsa cogitatione hominum excellentium conformabam.

7
15 Quaeret quispiam: 'quid? illi ipsi summi viri, quorum virtutes litteris proditae sunt, istane doctrina, quam tu effers laudibus, eruditi fuerunt?' difficile est hoc de omnibus confirmare, sed tamen est certum, quod respondeam. ego multos homines excellenti animo ac virtute fuisse et sine doctrina naturae ipsius habitu prope divino per se ipsos et moderatos et gravis exstitisse fateor. etiam illud adiungo saepius ad laudem atque virtutem naturam sine doctrina quam sine natura valuisse doctrinam. atque idem ego hoc contendo, cum ad naturam eximiam et inlustrem accesserit ratio quaedam conformatioque doctrinae, tum illud nescio quid praeclarum ac singulare solere exsistere. ex hoc esse hunc numero, quem 16 patres nostri viderunt divinum hominem, Africanum, ex hoc C. Laelium, L. Furium, moderatissimos homines et continentissimos, ex hoc fortissi-

3 quantum denique . . . 4 pilae] quiaeloquipila *Schol.* ‖ 4 alveolo (*in* **G** *ead. manu superscr.* vel aleae) *ψ* aleae *ω* ‖ 6 adeo] ideo *φ* eo *Lb.* ‖ 7 ⟨est⟩ *add.* k ‖ 10 persuasissem *Lb.* ‖ 13 exilia *ψ Gaff.* ‖ 15 sunt omnes **EV** | sapientium *ψ* p ‖ 17 accenderet **EVck** ‖ 24 est certum quod] est certum quid *φ Mdv.* est [certum] quod *Mo.* est certe quod *Bai.* ‖ 25 ergo **E** | fuisse sine doctrina et *Schue.*; et *secl. A. Kl.* ‖ 26 naturae . . . 28 doctrina *om.* **EV** ‖ 29 hoc *om.* *ω* | et] atque *ω* ‖ 30 oratio *Σ* p b¹ | confirmatioque **V** *ω* ‖ 31 esse *om.* **V** ‖ 33 modestissimos *Σ* b

mum virum et illis temporibus doctissimum, ⟨M.⟩ Catonem illum senem. qui profecto, si nihil ad percipiendam colendamque virtutem litteris adiuvarentur, numquam se ad earum studium contulissent.

Quodsi non hic tantus fructus ostenderetur et si ex his studiis delec-
5 tatio sola peteretur, tamen, ut opinor, hanc animadversionem humanissimam ac liberalissimam iudicaretis. nam ceterae neque temporum sunt neque aetatum omnium neque locorum; at haec studia adulescentiam acuunt, senectutem oblectant, secundas res ornant, adversis perfugium ac solacium praebent, delectant domi, non impediunt foris,
10 pernoctant nobiscum, peregrinantur, rusticantur.

Quodsi ipsi haec neque attingere neque sensu nostro gustare possemus, tamen ea mirari deberemus, etiam cum in aliis videremus. quis nostrum tam animo agresti ac duro fuit, ut Rosci morte nuper non commoveretur? qui cum esset senex mortuus, tamen propter excellentem
15 artem ac venustatem videbatur omnino mori non debuisse. ergo ille corporis motu tantum amorem sibi conciliarat a nobis omnibus: nos animorum incredibilis motus celeritatemque ingeniorum neglegemus? quotiens ego hunc Archiam vidi, iudices – utar enim vestra benignitate, 18 quoniam me in hoc novo genere dicendi tam diligenter attenditis –, quo-
20 tiens ego hunc vidi, cum litteram scripsisset nullam, magnum numerum optimorum versuum de iis ipsis rebus, quae tum agerentur, dicere ex tempore, quotiens revocatum eandem rem dicere commutatis verbis atque sententiis! quae vero accurate cogitateque scripsisset, ea sic vidi probari, ut ad veterum scriptorum laudem perveniret. hunc ego non
25 diligam, non admirer, non omni ratione defendendum putem? atque sic a summis hominibus eruditissimisque accepimus ceterarum rerum studia et doctrina et praeceptis et arte constare, poetam natura ipsa valere et mentis viribus excitari et quasi divino quodam spiritu inflari. quare suo iure noster ille Ennius sanctos appellat poetas, quod quasi
30 deorum aliquo dono atque munere commendati nobis esse videantur. sit 19 igitur, iudices, sanctum apud vos, humanissimos homines, hoc poetae nomen, quod nulla umquam barbaria violavit. saxa et solitudines voci

1 M. *add. Man.* ‖ **2** colendam *ψ* ‖ **5** animadversionem (animi adv. **EV**) *Ω* animi remissionem *Bonamicus* ‖ **7** at *om.* *ω* ‖ **8** acuunt *Gul.* agunt *Ω Gaff.* ·*(def. Lefay ad Hor. sat. 2, 2, 13)* alunt *Herv.* | profugium **Gap** ‖ **12** quis … **14** moreretur *(sic) Schol.* ‖ **13** nostrum *om. Schol.* | animo tam *Schol.* | ac] et *Schol.* | nuper *om. Schol.* ‖ **16** nos] hos *Ern.* ‖ **17** negligimus a*Σ*p ‖ **18** architam **E** ‖ **21** iis **k** his *cett.* ‖ **22** quotiens ego revocatum **G** ‖ **24** pervenirent *ω* ‖ **25** atqui *ω* ‖ **27** studia ex doctrina *Mue.* ‖ **30** videntur **EV** ‖ **32** saxa … *p. 42,1* respondent *Quint. 11,1,34; 11, 3, 84 et 167;* saxa … *p. 42,1* consistunt *Quint. 8, 3, 75; 9, 4, 44* | et] atque *Quint. (omnibus locis)* | voci *Quint.* voce *Ω* respondent, bestiae saepe immanes cantu flectuntur atque consistunt: nos instituti rebus optimis non poetarum voce moveamur? Homerum Colophonii civem esse dicunt suum, Chii suum vindicant, Salaminii repetunt, Smyrnaei vero suum esse confirmant itaque etiam delubrum eius in oppido dedicaverunt, permulti alii praeterea pugnant inter se atque contendunt.

9 Ergo illi alienum, quia poeta fuit, post mortem etiam expetunt: nos hunc vivum, et qui voluntate et legibus noster est, repudiamus, praesertim cum omne olim studium atque omne ingenium contulerit Archias ad populi Romani gloriam laudemque celebrandam? nam et Cimbricas res adulescens attigit et ipsi illi C. Mario, qui durior ad haec studia vide-

20 batur, iucundus fuit. neque enim quisquam est tam aversus a Musis, qui non mandari versibus aeternum suorum laborum facile praeconium patiatur. Themistoclem illum, summum Athenis virum, dixisse aiunt, cum ex eo quaereretur, quod acroama aut cuius vocem libentissime audiret, eius, a quo sua virtus optime praedicaretur. itaque ille Marius item eximie L. Plotium dilexit, cuius ingenio putabat ea, quae gesserat,

21 posse celebrari. Mithridaticum vero bellum magnum atque difficile et in multa varietate terra marique versatum totum ab hoc expressum est. qui libri non modo L. Lucullum, fortissimum et clarissimum virum, verum etiam populi Romani nomen inlustrant. populus enim Romanus aperuit Lucullo imperante Pontum et regiis quondam opibus et ipsa naturae regione vallatum; populi Romani exercitus eodem duce non maxima manu innumerabilis Armeniorum copias fudit; populi Romani laus est urbem amicissimam Cyzicenorum eiusdem consilio ex omni impetu regio atque totius belli ore ac faucibus ereptam esse atque servatam. nostra semper feretur et praedicabitur L. Lucullo dimicante cum interfectis ducibus depressa hostium classis et incredibilis apud Tenedum pugna illa navalis; nostra sunt tropaea, nostra monumenta, nostri triumphi. quae quo-

22 rum ingeniis ecferuntur, ab iis populi Romani fama celebratur. carus fuit Africano superiori noster Ennius itaque etiam in sepulcro Scipionum putatur is esse constitutus ex marmore. at iis laudibus certe non solum ipse, qui laudatur, sed etiam populi Romani nomen ornatur. in caelum

8 et qui] qui et **b²k** qui **ab¹** | repudiabimus *ed. Ald.* ‖ **12** est quisquam *Σ***b** | est *om.* **V** ‖ **13** praeconium facile **k** *Zie.* ‖ **15** quod] qualia carmina quod **EV** ‖ **16** illa Marius idem eximiae L. Clodium dilexit *Schol.* ‖ **17** item *om. Σ***bck** ‖ **22** natura regione **V** natura regionis **bck** *Bai.* natura et regione *Mo.* ‖ **25** atque *ψ***b** ac *cett.* atque e *Ha.* ‖ **28** et] est *Gar.* ‖ **29** quae *ψ* (*in* **G** *superscr.* vel quia) quia *ω* ‖ **30** ecferuntur *Stue.* hec (haec **GVpck**) feruntur *Ω* | iis] his **GE** ‖ **32** e (ex) marmore at iis *Fascitellus* et marmoratis *Ω* ‖ **33** ipse ... laudatur *ψ***ab²** ipsi ... laudantur (atur **p**) *φ*

huius proavus Cato tollitur; magnus honos populi Romani rebus ad-
iungitur. omnes denique illi Maximi, Marcelli, Fulvii non sine communi
omnium nostrum laude decorantur. ergo illum, qui haec fecerat, Rudi- **10**
num hominem maiores nostri in civitatem receperunt: nos hunc Hera-
5 cliensem multis civitatibus expetitum, in hac autem legibus constitutum
de nostra civitate eiciemus?

Nam si quis minorem gloriae fructum putat ex Graecis versibus percipi **23**
quam ex Latinis, vehementer errat, propterea·quod Graeca leguntur in
omnibus fere gentibus, Latina suis finibus exiguis sane continentur. quare
10 si res eae, quas gessimus, orbis terrae regionibus definiuntur, cupere debemus, quo minus manuum nostrarum tela pervenerint, eodem gloriam
famamque penetrare, quod cum ipsis populis, de quorum rebus scribitur,
haec ampla sunt, tum iis certe, qui de vita gloriae causa dimicant, hoc
maximum et periculorum incitamentum est et laborum. quam multos **24**
15 scriptores rerum suarum Magnus ille Alexander secum habuisse dicitur!
atque is tamen, cum in Sigeo ad Achillis tumulum astitisset: ʻO fortu-
nateʼ inquit ʻadulescens, qui tuae virtutis Homerum prae-
conem inveneris!ʼ et vere. nam nisi Ilias illa exstitisset, idem tumulus,
qui corpus eius contexerat, nomen etiam obruisset. quid? noster hic
20 Magnus, qui cum virtute fortunam adaequavit, nonne Theophanem
Mytilenaeum, scriptorem rerum suarum, in contione militum civitate
donavit et nostri illi fortes viri sed rustici ac milites dulcedine quadam
gloriae commoti quasi participes eiusdem laudis magno illud clamore
approbaverunt?
25 Itaque, credo, si civis Romanus Archias legibus non esset, ut ab aliquo **25**
imperatore civitate donaretur perficere non potuit. Sulla cum Hispanos
et Gallos donaret, credo, hunc petentem repudiasset. quem nos in contione videmus, cum ei libellum malus poeta de populo subiecisset, quod
epigramma in eum fecisset tantum modo alternis versibus longiusculis,
30 statim ex iis rebus, quas tum vendebat, iubere ei praemium tribui sub
ea condicione, ne quid postea scriberet. qui sedulitatem mali poetae
duxerit aliquo tamen praemio dignam, huius ingenium et virtutem in

3 ergo . . . 4 hominem *Schol.* | Rudinum *Schol.* rudem tum (tu **EV**) **ψ ab** rudem
tamen *cett.* ‖ **6** eiciamus **G** *Gaff.* eiecimus **V** ‖ **9** continet **EV** ‖ **10** eae] esse **EV** ‖
11 minus *om.* **c²k** *secl. Mdv.* eminus *Gul.* viribus *Syd.* | eodem] eandem **G** *Gaff.*
om. **V** ‖ **13** iis **ck** his *cett.* ‖ **18** inveneras **G E ap** *Σ* invenisti **k** | Ilias *Naug.* illi ars
G V φ *Gaff.* illa ars **a** ars **E** ‖ **19** quid . . . **20** Magnus *Schol.* ‖ **20** fortunam] forte **E** ‖
26 donaret **E** ‖ **27** donaret et Gallos **E** ‖ **28** vidimus **φ** ‖ **29** epigramma . . . versi-
bus *Schol.* | longiusculum *No.* ‖ **30** ex . . . **31** scriberet *Schol.* | iis *Man.* his **Ω** *Schol.* |
tum **ψ** tamen **a** tunc **φ** *om. Schol.* | iussit **a** *Schol.* | ei tum pretium *Schol.* | sub]
sed *Schol.* ‖ **31** ne quod **E** ‖ **32** deduxerit **ψ** | huius **ck** cuius *cett.*

26 scribendo et copiam non expetisset? quid? a Q. Metello Pio, familiarissimo suo, qui civitate multos donavit, neque per se neque per Lucullos
impetravisset? qui praesertim usque eo de suis rebus scribi cuperet, ut
etiam Cordubae natis poetis pingue quiddam sonantibus atque peregrinum tamen auris suas dederet.

11   Neque enim est hoc dissimulandum, quod obscurari non potest, sed
prae nobis ferendum: trahimur omnes studio laudis et optimus quisque
maxime gloria ducitur. ipsi illi philosophi etiam illis libellis, quos de
contemnenda gloria scribunt, nomen suum inscribunt: in eo ipso, in quo
praedicationem nobilitatemque despiciunt, praedicari de se ac nominari

27 volunt. Decimus quidem Brutus, summus vir et imperator, Acci, amicissimi sui, carminibus templorum ac monimentorum aditus exornavit
suorum. iam vero ille, qui cum Aetolis Ennio comite bellavit, Fulvius
non dubitavit Martis manubias Musis consecrare. quare in qua urbe
imperatores prope armati poetarum nomen et Musarum delubra colu-
erunt, in ea non debent togati iudices a Musarum honore et a poetarum
salute abhorrere.

28   Atque ut id libentius faciatis, iam me vobis, iudices, indicabo et de meo
quodam amore gloriae nimis acri fortasse, verum tamen honesto vobis
confitebor. nam quas res nos in consulatu nostro vobiscum simul pro
salute huius aeque imperi et pro vita civium proque universa re publica
gessimus, attigit hic versibus atque inchoavit. quibus auditis, quod mihi
magna res et iucunda visa est, hunc ad perficiendum adoptavi. nullam
enim virtus aliam mercedem laborum periculorumque desiderat praeter
hanc laudis et gloriae. qua quidem detracta, iudices, quid est, quod in hoc
tam exiguo vitae curriculo et tam brevi tantis nos in laboribus exer-

29 ceamus? certe, si nihil animus praesentiret in posterum et si, quibus regionibus vitae spatium circumscriptumst, eisdem omnis cogitationes ter-
minaret suas, nec tantis se laboribus frangeret neque tot curis vigiliisque
angeretur nec totiens de ipsa vita dimicaret. nunc insidet quaedam
in optimo quoque virtus, quae noctes ac dies animum gloriae stimulis

1 tamen non **EV** | quid] qui **E** | Q.] P. **EV** ‖ 3 praesentem **E** ‖ 4 etiam . . . so-
nantibus *Schol.* ‖ 5 dederit c cederet **E²V** ‖ 8 ipsi . . . 9 inscribunt ut . . . 11 velint
Amm. Marc. 22, 7, 4 (cf. etiam Tusc. 1, 34) | in illis **k** in his *Amm.* in iis *Mdv.* |
libris *Amm.* ‖ 9 in *alterum om. Amm.* ‖ 10 se nominari *Amm.* ‖ 11 Dec. q. Br.
Schol. ‖ 13 etiolis emio **E** ‖ 16 togati **Σ c k p** *mg.* locati *cett.* ‖ 21 huiusce **Σ** | aeque]
atque **E** *om.* **Σ k** ⟨urbis⟩ atque *Naug.* ‖ 23 hunc . . . adoravi *(sic) Schol.* | adoptavi
scripsi adortavi **G V** adoravi *Schol.* hortavi **a Σ p b¹** adhortatus sum **E** hortatus sum **b²**
hortatus fui **c k** adornavi *R. Kl.* | nulla **Ω** *corr. ed. V.* ‖ 25 iudices] unum **G** ‖
28 circumscriptumst eisdem] -tum iste isdem *ψ* -tum est isdem *φ* -tum iste in idem **a**

concitat atque admonet non cum vitae tempore esse dimittendam
commemorationem nominis nostri, sed cum omni posteritate adae-
quandam. an vero tam parvi animi videamur esse omnes, qui in re
publica atque in his vitae periculis laboribusque versamur, ut, cum usque
5 ad extremum spatium nullum tranquillum atque otiosum spiritum
duxerimus, nobiscum simul moritura omnia arbitremur? an statuas et
imagines, non animorum simulacra sed corporum, studiose multi summi
homines reliquerunt: consiliorum relinquere ac virtutum nostrarum effi-
giem nonne multo malle debemus summis ingeniis expressam et politam ?
10 ego vero omnia, quae gerebam, iam tum in gerendo spargere me ac dis-
seminare arbitrabar in orbis terrae memoriam sempiternam. haec vero
sive a meo sensu post mortem afutura est sive, ut sapientissimi homines
putaverunt, ad aliquam animi mei partem pertinebit, nunc quidem certe
cogitatione quadam speque delector.

15   Quare conservate, iudices, hominem pudore eo, quem amicorum vide- 31
tis comprobari cum dignitate tum etiam vetustate, ingenio autem tanto,
quantum id convenit existimari, quod summorum hominum ingeniis expetitum esse videatis, causa vero eius modi, quae beneficio legis, auctoritate municipi, testimonio Luculli, tabulis Metelli comprobetur. quae cum
20 ita sint, petimus a vobis, iudices, si qua non modo humana, verum etiam
divina in tantis ingeniis commendatio debet esse, ut eum, qui vos, qui
vestros imperatores, qui populi Romani res gestas semper ornavit, qui
etiam his recentibus nostris vestrisque domesticis periculis aeternum
se testimonium laudis daturum esse profitetur estque ex eo numero, qui
25 semper apud omnis sancti sunt habiti itaque dicti, sic in vestram acci-
piatis fidem, ut humanitate vestra levatus potius quam acerbitate viola-
tus esse videatur.

   Quae de causa pro mea consuetudine breviter simpliciterque dixi, 32
iudices, ea confido probata esse omnibus; quae † firme a me † iudicialique
30 consuetudine et de hominis ingenio et communiter de ipsius studio lo-
cutus sum, ea, iudices, a vobis spero esse in bonam partem accepta, ab
eo, qui iudicium exercet, certe scio.

1 dimetiendam *Lb.* ‖ **3** pravi **EV** | esse *om.* **E** ‖ **8** reliquerint *Man.* ‖ **9** nonne]
non *Lb. Tho. Gaff.* ‖ **12** sive *om.* ψ a | affutura **EV** abfutura ω | est ψ a sunt φ ‖
13 pertinebunt p²b c k ‖ **16** vetustate *Lag. 18* venustate Ω ‖ **17** quantum Σ *mg.* c k
quanto *cett.* ‖ **18** huius **E** ‖ **20** petimus *om.* **G** ‖ **21** ingeniis] negotiis ω | qui vos
qui . . . **22** ornavit *Schol.* ‖ **22** Romani *om.* **G** ‖ **24** laudum φ | estque ex eo *Mdv.*
isque (quique **k**) est eo Ω ‖ **25** itaque] atque **V k** ‖ **29** firme (ferme a **k**) a me Ω
fere a mea *Gaff.* infirmata mea *Syd.* a foro aliena *Gar. Mdv.* a forensi aliena *Ha.*
aliena a forensi sermone *A. Kl.* a forensi abhorrentia sermone *Rs.* | iudiciali **V k** ‖
30 ipso *ed. V.* ‖ **32** certo **G**

INDEX NOMINVM
ET RERVM ALIQVOT MEMORABILIVM

Cornelius *P. Sullae libertus* 17, 31

Cornelius *C. Corneli filius* (RE IV 1250, 59) 16, 19. 22; 17, 1. 7. 14. 19

C. Cornelius *eques Romanus, Catilinae socius* (RE IV 1255, 4) 2, 27; 6, 12; 16, 19. 20. 23. 32; 17, 7

C. Cornelius Cethegus *Catilinae socius* (RE IV 1278, 12) 17, 12; 22, 9; 23, 29; 24, 6

L. Cornelius Lentulus *pr. a. 86* (RE IV 1371, 61) 38, 29

P. Cornelius Lentulus Sura *cos. a. 71, pr. iterum a. 63* (RE IV 1399, 45) 5, 22. 24. 31; 10, 2. 4; 11, 2; 17, 11; 22, 7; 23, 29; 24, 7

P. Cornelius Scipio Aemilianus Africanus Minor Numantinus (RE IV 1439, 4) 40, 32

P. Cornelius Scipio Africanus Maior (RE IV 1462, 21) 42, 31

Faustus Cornelius Sulla *dictatoris filius* (RE IV 1515, 35) 17, 21. 23. 27. 28; 18, 3

P. Cornelius Sulla *Servi filius, Catilinae socius* (RE IV 1518, 40) 2, 27

P. Cornelius Sulla *a Civerone defensus* (RE IV 1518, 65) *passim*

Ser. Cornelius Sulla *Servi filius, Catilinae socius* (RE IV 1521, 53) 2, 26

L. Cornelius Sulla Felix *dictator* (RE IV 1522, 47) 22, 30; 23, 1. 2; 43, 26

Ti. Coruncanius *cos. a. 280* (RE IV 1663, 47) 7, 26

C. Cosconius *pr. a. 63* (RE IV 1668, 40) 13, 29

Crassus *v.* Licinius

M'. Curius Dentatus *cos. a. 290* (RE IV 1841, 9) 7, 27

Cyziceni 42, 25

Drusus *v.* Livius

Q. Ennius *Rudinus, poeta* (RE V 2589, 1) 41, 29; 42, 31; 44, 13

equester ordo 23, 2

Etruria 17, 13

Faustus *v.* Cornelius

Figulus *v.* Marcius

Fulvii *i. e.* Q. Fulvius Flaccus *cos. a. 212* (RE VII 243, 34) 43, 2

M. Fulvius Nobilior *cos. a. 189* (RE VII 265, 13) 44, 13

Furiae 24, 14

L. Furius Philus *cos. a. 136* (RE VII 360, 1) 40, 33

P. Gabinius *pr. a. 89* (RE VII 430, 44) 38, 27

Galli *i. e.* Allobroges 12, 5. 20. 29; 13, 3

Galli *Transpadani* 43, 27

Gallicus ager 17, 16

Graeca 43, 8; Graecae artes 37, 12; Graeci scriptores 40, 19; versus 43, 7

Graecia 37, 10; *Magna* 39, 3

Grattius *accusator Archiae* (RE VII 1841, 37) 38, 10; 39, 20

Heraclea 38, 1. 10

Heraclienses 38, 3. 13. 15. 16; 39, 8; 43, 4

Hispani 43, 26; Hispania 18, 4. 17; 22, 10

Homerus 42, 2; 43, 17

Hortensii 37, 28

Q. Hortensius Hortalus *cos. a. 69* (RE VIII 2470, 22) 1, 25; 2, 1. 6. 9. 23; 4, 12; 5, 2; 7, 13; 16, 23. 24

Ianuariae kalendae 20, 25; 21, 17

Ilias *Homeri* 43, 18

Italia 8, 7; 11, 6; 14, 6; 17, 18; 37, 12; 38, 5

Italicum bellum 38, 16

L. Iulius Caesar *cos. a. 90, cens. a. 89* (RE X 465, 60) 39, 11

L. Iulius Caesar Strabo *cos. a. 64* (RE X 468, 60) 17, 30; 18, 5

D. Iunius Brutus Callaecus *cos. a. 138* RE X 1021, 17) 44, 11

Laeca *v.* Porcius

C. Laelius Sapiens *cos. a. 140* (RE XII 404, 41) 40, 32

Latina 43, 9; Latini scriptores 40, 19; versus 43, 8

Latium 37, 13

Lentulus *v.* Cornelius

Lepidus *v.* Aemilius

lex *v.* agraria, Papia, Silvani et Carbonis

Regini 37, 15; 39, 3
reiectio 29, 13. 21
Roma 7, 21. 22; 9, 10; 17, 14; 18, 15.
    30; 37, 14. 19; 38, 7. 22. 23
Q. Roscius Gallus *tragoedus idemque
    comoedus* (RE IA 1123, 28) 41, 13
Rudinus homo *i. e.* Ennius 43, 3

Salaminii 42, 3
Scipiones *v.* Cornelius; Scipionum sepul-
    crum 42, 31
senatus populusque Romanus 8, 27
L. Sergius Catilina (RE IIA 1693, 3)
    5, 22. 24. 30; 11, 2; 16, 24. 28. 30; 17.
    3. 5. 11. 15; 18, 6; 21, 14. 18. 20; 22.
    2; 23, 29; 24, 6; 25, 21. 25; 26, 1. 18
Sicilia 37, 32
Sigeum 43, 16
Silvani et Carbonis lex (lex Plautia Pa-
    piria) *de civitate foederatis danda* (RE
    XII 2402, 49) 38, 4
Silvanus *v.* Plautius

P. Sittius (RE IIIA 409, 45) 18, 4. 5.
    11. 13. 24; 19, 5
P. Sittius *praecedentis pater* (RE IIIA
    409, 31) 18, 26
Smyrnaei 42, 4
Sulla *v.* Cornelius

tabulae publicae 13, 11; 14, 3; 38, 15.
    25; tabularium 38, 16
Tarentini 37, 15; 39, 4
Tarquinius Priscus 7, 18
Tenedus 42, 28
Themistocles 42, 14
Theophanes *Mytilenaeus* (RE VA 2090,
    41) 43, 20
Torquatus *v.* Manlius

M. Valerius Messala Niger *cos. a. 61* (RE
    VIIIA 162, 48) 6, 27; 13, 29
L. Vargunteius *Catilinae socius* (RE
    VIIIA 377, 37) 2, 23; 21, 14
L. Volcacius Tullus *cos. a. 66* (RE IXA
    754, 65) 4, 4

Apuleius
Opera quae supersunt
Vol. II Fasc. 2. Florida

Herausgegeben von Rudolf Helm
Ed. ster. ('10).
LX, 51 Seiten. 13 × 19,8 cm.
Best.-Nr. 1057. Kartoniert ca. DM 28,–

Aurelius Victor
De Caesaribus liber

Herausgegeben von Franz Pichlmayr
Ed. ster. ('11).
XXII, 210 Seiten. 13 × 19,8 cm.
Best.-Nr. 1108. Gebunden ca. DM 68,–

Cicero, M. Tullius
Scripta quae manserunt omnia
Fasc. 1. Rhetorica ad Herennium

Herausgegeben von Friedrich Marx
Ed. ster. ('23).
XXIV, 195 Seiten. 13 × 19,8 cm.
Best.-Nr. 1169. Kartoniert ca. DM 42,–

Cicero, M. Tullius
Scripta quae manserunt omnia
Fasc. 7. Oratio pro P. Quinctio

Herausgegeben von Michael D. Reeve
LXXIII, 59 Seiten. 13 × 19,8 cm.
Best.-Nr. 1179. Gebunden DM 58,–
Best.-Nr. 1175. Kartoniert DM 36,–

THESAVRVS
LINGVAE LATINAE

**Editus iussu et auctoritate
consilii ab academiis
societatibusque
diversarum nationum electi**

Der Thesaurus linguae Latinae ist nicht nur das größte lateinische Wörterbuch der Welt, sondern zugleich das erste, das alle aus der Antike erhaltenen lateinischen Texte berücksichtigt (bis ca. 600 n. Chr.).
Die aus diesen Texten angeführten Belege werden meist mit so viel Kontext geboten, daß sich für den Benutzer ein Heranziehen der Editionen erübrigt; auf jeden Fall sind sie so genau bezeichnet, daß sie mühelos verifiziert werden können – zuverlässiges Hilfsmittel dafür ist der Index librorum.
Durch die zusätzlichen Angaben über die Etymologie der einzelnen lateinischen Wörter und ihr Fortleben im Romanischen (beides von Spezialisten erarbeitet) ist das Werk auch für Romanisten und Indogermanisten von besonderer Bedeutung.
20 in- und ausländische Akademien sowie wissenschaftliche Gesellschaften aus drei Kontinenten tragen die in München geleistete Arbeit.
Von Anfang an, d. h. seit dem Jahre 1900, wird der Thesaurus bei B. G. Teubner verlegt. Inzwischen sind zwei Drittel des Wörterbuches erschienen.

Lieferbar:
A–M (komplett)   P   (p-pedalis)
O   (komplett)   (porta-praesuscipio)

1992 Vol. X, Pars 1, Fasc. VII (pedalis–pensio)
1993 Vol. X, Pars 2, Fasc. VII (praesuscipio–ca. pratum)

B.G. TEUBNER STUTTGART UND LEIPZIG